KB019933

바로 바로 뽑아 쓰는

이지여행

easy

중국어

씨앤톡
See&Talk

바로바로 뽑아 쓰는
이지 여행 중국어

초판 발행 | 2005년 9월 5일
초판 12쇄 | 2016년 9월 15일
발행 | 이진곤
발행처 | 씨앤톡 See&Talk
등록일자 | 2003년 5월 22일 **등록번호** | 제 313-2003-0 0192호
ISBN | 978-89-90763-16-7(03720)

주소 | 경기도 파주시 문발로 405(신촌동 741-2) 제2출판단지 활자마을
전화 | 02-338-0092 **팩스** | 02-338-0097
©2005, 씨앤톡 See&Talk

머리말

 가슴 설레면서도 약간의 긴장을 주는 해외 여행. 역시 미지의 세계는 그런 것이다. 이 때 긴장감을 즐거움으로 바꾸어 주는 것이 간단한 말 몇 마디일 것이다. 우리나라에 찾아온 외국 사람들이 쇼핑하러 다니면서, 비록 회화를 능숙하게 하지는 못하지만, "깎아 주세요.", "감사합니다.", "맛있어요."같은 말을 하는 것을 들으면, 왠지 이쪽의 마음도 흐뭇해진다.

그쪽 사람들도 마찬가지이다. 외국 사람 입에서 어눌한 발음으로 한 마디 튀어나오는 인사말에 금방 친근감을 느낀다. 이처럼 일상회화를 전혀 못해도, 간편하게 써먹을 수 있는 몇 마디 정도 가지고 가면, 즐거운 여행을 위한 윤활유 역할을 해 줄 것이다.

비행기 탑승에서 귀국길에 오르는 순간까 지 해외 여행에서 부딪치게 되는 다양한 상황을 예상해 꼭 필요한 말들을 모아 두었다.

비행기 안에서 또는 이동하는 짬짬이 써먹어 보고 싶은 표현을 익혀 두면 해외 여행을 즐겁게 하는 데에 많은 도움이 될 것이다. 아무쪼록 자그마한 이 한 권의 여행회화책이 든든한 동반자가 되기를 바란다.

편집부

목차　contents

contents

필수 표현
35선

말 한 마디로
천 냥 빚을 갚는다는
속담이 있는 것처럼
외워 두면 여행지에서
요긴하게 써먹을 수 있는 표현들

사람 살려요!

教命啊!

Jiùmìng a

지우밍 아

빨리 구급차를 불러주세요.

请赶快叫救护车。

Qǐng gǎnkuài jiào jiùhùchē

칭 간콰이 지아오 지우후처

필수 표현
35선

9

3

저 좀 도와 찾아 주세요.

请帮我找一找。

Qǐng bāng wǒ zhǎo yì zhǎo

칭 빵 워 자오 이 자오

필수 표현 35선

10

저는 한국 대사관(영사관)에 가야만 합니다.

我得到韩国大使馆（领事馆）。

Wǒ děi dào Hánguó dàshǐguǎn (lǐngshìguǎn).

워 데이 따오 한궈 따스관 (링스관)

제 지갑을 여권과 함께 도난 당했습니다.

我的钱夹连同护照被偷了。

Wǒ de qiánjiā liántóng hùzhào bèi tōu le

워 더 치엔지아 리엔퉁 후자오 뻬이 터우 러

필수 표현
35선

필수 표현 35선

6

여권을 잃어버렸는데, 어떻게 해야 합니까?

我丢了护照, 该怎么办?

Wǒ diū le hùzhào, gāi zěnme bàn

워 띠우 러 후자오 까이 전머 빤

13

제 짐을 찾지 못했는데, 어떻게 해야 합니까?

我找不到我的行李了，怎么办？

Wǒ zhǎobudào wǒ de xíngli le, zěnme bàn?

워 쟈오부따오 워 더 씽리 러 쩐머 빤

필수 표현
35선

14

신용카드의 사용을 중단시켜 주세요.

请吊销这个信用卡。

Qǐng diàoxiāo zhè ge xìnyòngkǎ.

칭 띠아오씨아오 쩌 거 씬용카

필수 표현
35선

9

니 하오 (닌 하오!)

你好! (您好!)
Nǐ hǎo! (Nín hǎo!)

안녕하세요!

좋은 아침(저녁)입니다.

早上 (晩上)好!
Zǎoshang (wǎnshang) hǎo!

짜오상 (완상) 하오

10

17

제 성은 김이고, 이름은 대한입니다.

我姓金，名字叫大韩。

Wǒ xìng Jīn, míngzi jiào Dàhán.

워 씽 찐 밍쯔 지아오 따한

필수 표현
35선

처음 뵙겠습니다. 잘 부탁드립니다.

初次见面，请多多关照。

Chūcì jiànmiàn, qǐng duōduō guānzhào.

추츠 찌엔미엔 칭 뚜워뚜워 구완자오

필수 표현
35선

19

고맙습니다!

谢谢! / 谢谢您!

Xièxie! / Xièxie nín!

씨에씨에! / 씨에씨에 닌!

필수 표현
35선

13

20

미안합니다.

对不起。

Duìbuqǐ.

뚜이부치

필수 표현
35선

별말씀을요.

不客气。/ 不用。(没什么。/ 没事儿。)
Bú kèqi. / Búyòng. (Méishénme. / Méishìr.)

부 커치 / 부융 (메이션머 / 메이셜)

잠시만 기다려주세요.

请您等一下。

Qǐng nín děng yíxià.

칭 닌 덩 이샤

필수 표현
35선

얼마입니까?

多少钱?

Duōshao qián?

뚜어사오 치엔

필수 표현
35선

너무 좋습니다!

大好了!
Tài hǎo le!

타이 하오 러

필수 표현
35선

25

매우 기뻐요!

很高兴!
Hěn gāoxìng!

헌 까오씽

필수 표현
35선

정말 맛있습니다.

真好吃。
Zhēn hǎochī.

쩐 하오츠

너무 비싸요!

大贵了!
Tài guì le!

타이 꾸이 러

필수 표현
35선

28

전화 좀 빌려 써도 될까요?

可以借电话用一下吗?

Kěyǐ jiè diànhuà yòng yíxià ma?

커이 찌에 띠엔화 융 이샤 마

필수 표현
35선

아가씨, 제 몸이 좀 안 좋습니다.

小姐, 我身体不舒服。

Xiǎojie, wǒ shēntǐ bù shūfu.

샤오지에 워 션티 뿌 수푸

이것으로 주세요.

我要这个。

Wǒ yào zhè ge.

워 야오 쩌 거

필수 표현
35선

31

택시 한 대 불러주세요.

请叫一辆出租车。
Qǐng jiào yí liàng chūzūchē.

칭 지아오 이 량 추쭈처

제게 길 안내 좀 해 주세요.

请您给我带路吧。

Qǐng nín gěi wǒ dàilù ba.

칭 닌 게이 워 따이루 바

어떻게 가야 합니까?

要怎么走?

Yào zěnme zǒu?

야오 쩐머 쩌우

필수 표현
35선

필수 표현
35선

休息处(화장실, 매점)이 어디입니까?

休息处(厕所，小卖部)在哪儿?

Xiūxichù (cèsuǒ, xiǎomàibù) zài nǎr?

씨우시추 (처수어 씨아오마이뿌) 짜이 나알

실례지만, 사진 좀 찍어 주실래요?

麻烦您, 请帮我照相好吗?

Máfan nín, qǐng bāng wǒ zhàoxiàng hǎo ma?

마판 닌 칭 빵 워 자오샹 하오 마

필수 표현
35선

36

한국어(영어) 하는 분 없습니까?

有没有讲韩语 (英语) 的人?

Yǒuméiyǒu jiǎng Hànyǔ (Yīngyǔ) de rén?

여우메이여우 지앙 한위 (잉위) 더 런

필수 표현
35선

37

31

필수 표현
35선

의사 좀 불러주세요.

请叫一下医生。

Qǐng jiào yíxià yīshēng.

칭 지아오 이샤 이셩

32

저를 병원으로 데려다 주세요.

请带我到医院去。

Qǐng dài wǒ dào yīyuàn qù.

칭 따이 워 따오 이위엔 취

필수 표현
35선

말씀 많이 들었어요!

久仰大名!

Jiǔyǎng dàmíng!

지우양 따밍

이번에 당신께 폐를 많이 끼쳤습니다.

这次给您添了不少麻烦。

Zhè cì gěi nín tiān le bùshǎo máfan.

쩌 츠 게이 닌 티엔 러 뿌샤오 마판

필수 표현
35선

41

영원히 당신의 호의를 잊지 못할 거예요.

我永远忘不了您的好意。

Wǒ yǒngyuǎn wàngbuliǎo nín de hǎoyì.

워 용위엔 왕뿌리아오 닌 더 하오이

기본표현

안녕하세요!

你好! (您好!)

Nǐ hǎo! (Nín hǎo!)

니 하오 (닌 하오)

여러분 안녕하세요!

大家好!

Dàjiā hǎo!

따지아 하오

좋은 아침(저녁)입니다.

早上(晚上)好!

Zǎoshang (wǎnshang) hǎo!

짜오상 (완상) 하오

좋은 오후입니다.

午安!

Wǔ ān!

우 안

건강하세요?

你身体好吗?

Nǐ shēntǐ hǎo ma?

니 션티 하오 마

44

요즘 어떠세요?

最近怎么样?

Zuìjìn zěnmeyàng?

쭈이찐 쩐머양

일이 바쁘세요?

工作忙吗?

Gōngzuò máng ma?

꿍쭤 망 마

그런대로 괜찮습니다.

还可以。/ 还好。

Hái kěyǐ. / Hái hǎo.

하이 커이 / 하이 하오

기본표현

이름이 어떻게 되지요?

你叫什么名字?

Nǐ jiào shénme míngzi?

니 지아오 션머 밍쯔

존함이 어떻게 되시지요?

您贵姓?

Nín guì xìng?

닌 꾸이 씽

저는 한국인이며, 이름은 ×××입니다.

我是韩国人，名字叫×××。

Wǒ shì Hánguó rén, míngzi jiào ×××.

워 스 한궈 런 밍쯔 지아오

제 성은 김이고, 이름은 대한입니다.

我姓金，名字叫大韩。

Wǒ xìng Jīn, míngzi jiào Dàhán.

워 씽 찐 밍쯔 지아오 따한

이분은 Mr.박(Miss.리)입니다.

这位是朴先生(李小姐)。

Zhèwèi shì Piáo xiānsheng (Lǐ xiǎojie).

저웨이 스 피아오 씨엔성 (리 샤오지에)

당신을 알게 되어 매우 기쁩니다.

认识你很高兴。

Rènshi nǐ hěn gāoxìng.

런스 니 헌 까오 씽

처음 뵙겠습니다. 잘 부탁드립니다.

初次见面，请多多关照。

Chūcì jiànmiàn, qǐng duōduō guānzhào.

추츠 찌엔미엔 칭 뚜워뚜워 꾸완쟈오

고맙습니다!

谢谢! / 谢谢您!

Xièxie! / Xièxie nín!

씨에씨에 / 씨에씨에 닌

당신의 호의에 감사드립니다.

谢谢你的好意。

Xièxie nǐ de hǎoyì.

씨에씨에 니 더 하오이

어떻게 감사해야 할지 모르겠네요.

不知怎么感谢您。

Bùzhī zěnme gǎnxiè nín.

뿌즈 쩐머 깐씨에 닌

정말 폐를 끼쳐드렸네요.

真打扰您了。

Zhēn dǎrǎo nín le.

쩐 다라오 닌 러

별말씀을요.

不客气。 / 不用。(没什么。/ 没事儿。)

Bú kèqi. / Búyòng. (Méishénme. / Méishìr.)

부 커치 / 부용 (메이션머 / 메이셜)

48

미안합니다.

对不起。

Duìbuqǐ.

뚜이부치

부디 양해해 주십시오.

请原谅。

Qǐng yuánliàng.

칭 위엔량

미안합니다, 당신을 오래 기다리게 했습니다.

对不起，让您久等了。

Duìbuqǐ. ràng nín jiǔ děng le.

뚜이부치 랑 닌 지우 덩 러

부탁 좀 드립니다.

拜托一下。

Bàituō yíxià.

빠이퉈 이샤

수고하십니다! 중국은행에 어떻게 가지요?

劳驾！去中国银行怎么走？

Láojià! Qù zhōngguó yínháng zěnme zǒu?

라오지아 취 중궈 인항 쩐머 쩌우

말씀 좀 여쭙겠습니다. 어디에서 버스를 탑니까?

请问，在哪儿坐公共汽车？

Qǐng wèn, zài nǎr zuò gōnggòngqìchē?

칭 원 짜이 나얼 쭈어 꿍꿍치처

좀 천천히 말씀해 주실래요.

请您说慢一点儿。

Qǐng nín shuō màn yìdiǎnr.

칭 닌 슈어 만 이디얼

좀 써 주실 수 있나요?

请您写一下，好吗？

Qǐng nín xiě yíxià, hǎo ma?

칭 닌 시에 이샤 하오 마

50

들어오세요.

请进。

Qǐng jìn.

칭 찐

앉으세요.

请坐。

Qǐng zuò.

칭 쭈어

드세요.

请吃。

Qǐng chī.

칭 츠

사양하지 마세요.

请您不要客气。

Qǐng nín bú yào kèqi.

칭 닌 부 야오 커치

잠시만 기다려주세요.

请您等一下。

Qǐng nín děng yíxià.

칭 닌 덩 이샤

여기에 앉아도 됩니까?

这儿可以坐吗?

Zhèr kěyǐ zuò ma?

쩔 커이 쭈어 마

여기서 사진 찍어도 됩니까?

这儿可以照相吗?

Zhèr kěyǐ zhàoxiàng ma?

쩔 커이 자오샹 마

신용카드를 이용할 수 있습니까?

可不可以用信用卡?

Kě bu kěyǐ yòng xìnyòngkǎ?

커 뿌 커이 융 씬융카

전화 좀 빌려 써도 될까요?

可以借电话用一下吗?

Kěyǐ jiè diànhuà yòng yíxià ma?

커이 찌에 띠엔화 융 이샤 마

(빈)방이 있습니까?

有(空)房间吗?

Yǒu (kōng) fángjiān ma?

여우 (쿵) 팡지엔 마

좀 더 큰 것이 있습니까?
有没有再大一点的?
Yǒuméiyǒu zài dà yìdián de?
여우메이여우 짜이 따 이디엔 더

이 자리에 사람이 있습니까?
这个位子有没有人?
Zhè ge wèizi yǒuméiyǒu rén?
쩌 거 웨이쯔 여우메이여우 런

오늘 저녁에 시간 있으세요?
今天晚上您有空儿吗?
Jīntiān wǎnshang nín yǒu kòngr ma?
진티엔 완상 닌 여우 쿨 마

53

기본표현

얼마입니까?

多少钱?

Duōshao qián?

뚜어샤오 치엔

공항까지 얼마나 멉니까?

到机场多远?

Dào jīchǎng duōyuǎn?

따오 지창 뚜어위엔

당신 올해 나이가 어떻게 됩니까?

您今年多大岁数?

Nín jīnnián duōdà suìshu?

닌 진니엔 뚜어따 쑤이수

당신 댁은 식구가 몇입니까?

您家有几口人?

Nín jiā yǒu jǐ kǒu rén?

닌 지아 여우 지 커우 런

어떻게 하지요?

怎么办?

Zěnme bàn?

쩐머 빤

전철역에 어떻게 갑니까?

去地铁站怎么走?

Qù dìtiězhàn zěnme zǒu?

취 띠티에짠 쩐머 쩌우

이 글자는 어떻게 읽나요?

这个字怎么念?

Zhè ge zì zěnme niàn?

쩌 거 쯔 쩐머 니엔

그 곳은 어떻습니까?

那儿怎么样?

Nàr zěnmeyàng?

날 쩐머양

이분(아가씨)은 누구시지요?

这位先生(小姐)是谁?

Zhè wèi xiānsheng (xiǎojie) shì shéi?

쩌 웨이 씨엔성 (샤오지에) 스 쉐이

여기는 어떤 곳입니까?

这儿是什么地方?

Zhèr shì shénme dìfang?

쩔 스 션머 띠팡

저것은 무슨 물건인가요?

那是什么东西?

Nà shì shénme dōngxi?

나 스 션머 뚱시

무슨 일이 있으신지요?

您有什么事吗?

Nín yǒu shénme shì ma?

닌 여우 션머 스 마

이것은 무슨 뜻인가요?

这是什么意思?

Zhè shì shénme yìsi?

저 스 션머 이쓰

우리 언제 만나면 좋을까요?

我们什么时候见面好呢?

Wǒmen shénme shíhou jiànmiàn hǎo ne?

워먼 션머 스허우 지엔미엔 하오 너

공항까지 어떻게 가야 좋을까요?

到机场怎么去好呢?

Dào jīchǎng zěnme qù hǎo ne?

따오 지창 쩐머 취 하오 너

한국으로 국제전화는 어떻게 거나요?

往韩国打国际电话, 怎么打呢?

Wǎng Hánguó dǎ guójì diànhuà, zěnme dǎ ne?

왕 한궈 다 궈지 띠엔화 쩐머 다 너

매우 기뻐요!

很高兴!

Hěn gāoxìng!

헌 까오씽

행복해요!

太幸福了!

Tài xìngfú le!

타이 씽푸 러

후회돼요!

我后悔了!

Wǒ hòuhuǐ le!

워 허우후이 러

너무 아쉬워요!

太可惜了!

Tài kěxī le!

타이 커시 러

걱정돼요!

我担心!

Wǒ dānxīn!

워 딴씬

58

만족스러워요!

我满意!

Wǒ mǎnyì!

워 만이

기본표현

조바심이 나요!

我着急!

Wǒ zháojí!

워 자오지

화가 나요!

我生气了!

Wǒ shēngqì le!

워 셩치 러

너무 좋습니다!

太好了!

Tài hǎo le!

타이 하오 러

충분합니다.

够了，够了。

Gòu le, gòu le.

꺼우러 꺼우러

별말씀을요.

哪里，哪里。

Nǎli, nǎli.

나리 나리

과찬이십니다.

不敢当。 / 过奖，过奖。

Bùgǎndāng. / Guòjiǎng, guòjiǎng.

뿌간땅 / 꾸어지앙 꾸어지앙

제발 사양하지 마세요.

千万不要客气。

Qiānwàn búyào kèqi.

치엔완 부야오 커치

60

오늘 저녁 즐거웠습니다.

今晚过得很愉快!

Jīnwǎn guòde hěn yúkuài!

진완 꾸어더 헌 위콰이

한국에 오신 걸 환영합니다.

欢迎你到韩国来。

Huānyíng nǐ dào Hánguó lái.

환잉 니 따오 한궈 라이

즐거운 여행 되세요.

祝你旅途愉快!

Zhù nǐ lǚtú yúkuài!

주 니 뤼투 위콰이

기내에서

제 좌석이 어디입니까?

请告诉我我的座位在哪儿。

Qǐng gàosu wǒ wǒ de zuòwèi zài nǎr.

칭 까오쑤 워 워 더 쭈어웨이 짜이 널

기내에서

실례지만, 화장실이 어디입니까?

请问，洗手间在哪儿?

Qǐng wèn, xǐshǒujiān zài nǎr?

칭 원 씨셔우지엔 짜이 나알

기내에서

주스 주세요.

请给我果汁。

Qǐng gěi wǒ guǒzhī.

칭 게이 워 궈즈

기내에서

물 한 잔 주세요.

请给我一杯水。

Qǐng gěi wǒ yì bēi shuǐ.

칭 게이 워 이 뻬이 수이

기내에서

아가씨, 제 몸이 좀 안 좋습니다.

小姐, 我身体不舒服。

Xiǎojie, wǒ shēntǐ bù shūfu.

샤오지에 워 션티 뿌 수푸

기니에서

68

말씀 좀 여쭐게요. 이건 어떻게 씁니까?

请问, 这个怎么写?

Qǐng wèn, zhè ge zěnme xiě?

칭 원 쩌 거 쩐머 씨에

기내에서

기내 서비스 요청

제 좌석이 어디입니까?

请告诉我我的座位在哪儿。

Qǐng gàosu wǒ wǒ de zuòwèi zài nǎr.

칭 까오쑤 워 워 더 쭈어웨이 짜이 날

45C, 손님 좌석은 우측복도편의 좌석입니다.

45C, 您的位子是右边靠过道的座位。

Sìshíwǔ C, nín de wèizi shì yòubiānkàoguòdào de zuòwèi.

쓰스우씨 닌 더 웨이쯔 스 여우삐엔카오꾸어따오 더 쭈어웨이

실례지만, 화장실이 어딥니까?

请问，洗手间在哪儿?

Qǐng wèn, xǐshǒujiān zài nǎr?

칭 원 씨셔우지엔 짜이 나알

한국신문 한 부만 주세요.

请给我一份韩文报。

Qǐng gěi wǒ yífèn Hánwén bào.

칭 게이 워 이펀 한원 빠오

콜라 주세요.

请给我可乐。

Qǐng gěi wǒ kělè.

칭 게이 워 커러

어휘
靠窗座位 (카오추앙쭈어웨이) **창가쪽 좌석**
中间座位 (중지엔쭈어웨이) **중간 좌석**
靠过道座位 (카오궈따오쭈어웨이) **복도쪽 좌석**

70

무슨 음식이 있습니까?
有什么菜?
Yǒu shénme cài?
여우 션머 차이

실례지만, 탁자 좀 내려주시겠습니까?
麻烦您把桌子放下来。
Máfan nín, bǎ zhuōzi fàngxiàlai.
마판 닌 바 쭈어쯔 팡샤라이

어떤 음료가 있나요?
有什么饮料?
Yǒu shénme yǐnliào?
여우 션머 인랴오

주스 주세요.
请给我果汁。
Qǐng gěi wǒ guǒzhī.
칭 게이 워 궈즈

물 한 잔 주세요.
请给我一杯水。
Qǐng gěi wǒ yì bēi shuǐ.
칭 게이 워 이 뻬이 수이

71

아가씨, 제 몸이 좀 안 좋습니다.

小姐，我身体不舒服。

Xiǎojie, wǒ shēntǐ bù shūfu.

샤오지에 워 션티 뿌 수푸

열이 납니다. 두통약 있습니까?

发烧。有头痛药吗?

Fāshāo. Yǒu tóutòngyào ma?

파샤오 여우 터우퉁야오 마

비행기 멀미 같아요.

好像晕机。

Hǎoxiàng yùnjī.

하오샹 윈지

구토 봉투 있습니까?

有卫生袋吗?

Yǒu wèishēngdài ma?

여우 웨이성따이 마

좀 나아지셨어요?

好一点儿吗?

Hǎo yìdiǎnr ma?

하오 이디얼 마

어휘

晕机药 (yùnjīyào 윈지야오) 멀미약
卫生纸 (wèishēngzhǐ 웨이성즈) 휴지
消化药 (xiāohuàyào 샤오화야오) 소화제
免税品 (miǎnshuìpǐn 미엔수이핀) 면세품

72

입국신고서를 작성하십시오.

请您填写这张入境登记卡。

Qǐng nín tián xiě zhè zhāng rùyìng dēngjìkǎ.

칭 닌 티엔 씨에 쩌 장 루징 떵지카

말씀 좀 여쭐께요. 이건 어떻게 씁니까?

请问，这个怎么写?

Qǐng wèn, zhè ge zěnme xiě?

칭 원 쩌 거 쩐머 씨에

어휘

名字 (míngzi 밍쯔) 이름

电话号码 (diànhuà hàomǎ 띠엔화 하오마)
전화번호

国家 (guójiā 궈지아) 나라

비자번호를 쓰세요.

请写签证号码。

Qǐng xiě qiānzhèng hàomǎ.

칭 씨에 치엔쩡 하오마

다시 한 장 주십시오.

请再给我一张吧。

Qǐng zài gěi wǒ yì zhāng ba.

칭 짜이 게이 워 이 장 바

이렇게 쓰면 맞나요?

这样写对吗?

Zhèyàng xiě duì ma?

쩌양 씨에 뚜이 마

중국
공항에서

여권을 제시하십시오.

请出示护照。

Qǐng chūshì hùzhào.

칭 추스 후쟈오

입국 목적이 무엇입니까?

入境目的是什么?

Rùjìng mùdì shì shénme?

루징 무띠 스 션머

관광입니다.

观光。

Guānguāng.

꾸안꽝

어휘

| 留学 (liúxué 리우쉬에) 유학 |
| 工作 (gōngzuò 꽁쭈어) 일(하다) |
| 探亲 (tànqīn 탄친) 친척방문 |
| 参加会议 (cānjiā huìyì 찬지아 후이이) 회의참석 |

중국에서 일주일 머무를 겁니다.

在中国逗留一个星期。

Zài Zhōngguó dòuliú yí ge xīngqī.

짜이 중궈 떠우리우 이 거 씽치

북경 중국호텔에서 묵습니다.

我住在北京中国大饭店。

Wǒ zhùzài Běijīng Zhōngguó dàfàndiàn.

워 쭈짜이 베이징 중궈 따판띠엔

어디에서 오셨습니까?

请问，您从哪儿来?

Qǐng wèn, nín cóng nǎr lái?

칭 원 닌 총 나알 라이

한국에서 왔습니다.

从韩国来。

Cóng Hánguó lái.

총 한궈 라이

신고할 물건 있습니까?

有没有申报的东西?

Yǒuméiyǒu shēnbào de dōngxi?

여우메이여우 션빠오 더 뚱시

이건 무엇입니까?

这是什么?

Zhè shì shénme?

쩌 스 션머

한국 담배인데, 중국 친구에게 줄 선물입니다.

这是韩国香烟，送给中国朋友的礼物。

Zhè shì Hánguó xiāngyān, sòng gěi Zhōngguó péngyou de lǐwù.

쩌 스 한궈 샹옌 쏭 게이 중궈 펑여우 더 리우

환전하려고 합니다.

我想换钱。

Wǒ xiǎng huànqián.

워 샹 환치엔

얼마나 바꾸시려고요?

要换多少钱?

Yào huàn duōshao qián?

야오 환 뚜어샤오 치엔

100달러를 바꾸려고 합니다.

要换一百美元。

Yào huàn yì bǎi měiyuán.

야오 환 이 바이 메이위엔

이 표를 작성해 주세요.

请您填这张表。

Qǐng nín tián zhè zhāng biǎo.

칭 닌 티엔 쩌 장 비아오

이렇게 하면 됩니까?

这样好了吗?

Zhèyàng hǎo le ma?

쩌양 하오 러 마

78

××호텔에 가려고 합니다.

我要去 ×× 大饭店。

Wǒ yào qù dàfàndiàn.

워 야오 취 따판띠엔

얼마입니까?

多少钱?

Duōshao qián?

뚜어샤오 치엔

여기 있습니다. 수고하셨어요.

在这儿。辛苦了。

Zài zhèr. Xīnkǔ le.

짜이 쩔 씬쿠 러

이곳에 시내까지 가는 버스 있습니까?

这儿有到市内的公共汽车吗?

Zhèr yǒu dào shìnèi de gōnggòngqìchē ma?

쩔 여우 따오 스네이 더 꿍꿍치처 마

이 버스는 시내에 있는××호텔에 갑니까?

这路车到市内的 ×× 饭店吗?

Zhè lù chē dào shìnèi de fàndiàn ma?

저 루 처 따오 스네이 더 판띠엔 마

호텔에서

객실 예약을 했습니다.

我有预订房间。

Wǒ yǒu yùdìng fángjiān.

워 여우 위띵 팡지엔

호텔에서

82

실례지만, 빈 방 있습니까?

请问, 有空房间吗?

Qǐng wèn, yǒu kòng fángjiān ma?

칭 원 여우 쿵 팡지엔 마

호텔에서

83

현금으로 지불하겠습니다.

我要付现金。

Wǒ yào fù xiànjīn.

위 야오 푸 씨엔진

호텔에서

에어컨에 문제가 있는 것 같아요.

我的空调好像有问题。

Wǒ de kōngtiáo hǎoxiàng yǒu wèntí.

워 더 쿵티아오 하오샹 여우 원티

호텔에서

여기 세탁 서비스 됩니까?

这儿有洗衣服务吗?

Zhèr yǒu xǐ yī fúwù ma?

쩔 여우 씨 이 푸우 마

호텔에서

86

호텔에서

말씀 여쭐게요, 조식은 어디에서 먹습니까?

请问，在哪儿吃早餐?

Qǐng wèn, zài nǎr chī zǎocān?

칭 원 짜이 날 츠 짜오찬

87

객실 예약을 했습니다.

我有预订房间。

Wǒ yǒu yùdìng fángjiān.

워 여우 위띵 팡지엔

김대한, 영문으로는 KIM, DAEHAN입니다.

金大韩，英文是KIM, DAEHAN。

Jīn Dàhán, yīngwén shi KIM, DAEHAN.

진 따한 잉원 스 KIM, DAEHAN

잠시만요, 찾아보겠습니다.

请等一下，我查查看。

Qǐng děng yíxià, wǒ chácha kàn.

칭 덩 이샤 워 차차 칸

숙박기록카드에 성함, 주소,

请您填这张登记卡，写上您的姓名，地址，

Qǐng nín tián zhè zhāng dēngjìkǎ, xiěshang nín de xìngmíng, dìzhǐ,

칭 닌 티엔 쩌 장 떵지카 시에샹 닌 더 씽밍 띠즈

여권번호를 쓰시고 서명하세요.

护照号码，然后签名。

hùzhàohàomǎ, ránhòu qiānmíng.

후쟈오하오마 란허우 치엔밍

아침식사는 호텔비에 포함됩니까?

早餐包括在住宿费里吗?

Zǎocān bāokuò zài zhùsùfèi li ma?

짜오찬 빠오쿠어 짜이 쭈쑤페이 리 마 ?

카드로 결제할 것입니다.

刷卡。

Shuākǎ.

수아카

이것이 선생님의 룸키이고, 731호실입니다.

这是您的钥匙, 您的房间是七三一号。

Zhè shì nín de yàoshi, nín de fángjiān shì qī sān yāo hào.

저 스 닌 더 야오스 닌 더 팡지엔 스 치 싼 야오 하오

실례지만, 빈 방 있습니까?

请问，有空房间吗?

Qǐng wèn, yǒu kòng fángjiān ma?

칭 원 여우 쿵 팡지엔 마

예약을 하려는데요.

我想订房间。

Wǒ xiǎng dìng fángjiān.

워 샹 띵 팡지엔

싱글룸을 원하십니까, 트윈룸을 원하십니까?

您要单人房还是双人房?

Nín yào dānrénfáng háishì shuāngrénfáng?

닌 야오 딴런팡 하이스 수앙런팡

싱글룸 주세요. 하루에 얼마입니까?

请给我单人房，住一天多少钱?

Qǐng gěi wǒ dānrénfáng, zhù yìtiān duōshao qián?

칭 게이 워 딴런팡 쭈 이티엔 뚜어샤오 치엔

이틀 묵고, 모레 아침에 체크아웃하겠어요.

我要住两天，后天早上退房。

Wǒ yào zhù liǎngtiān, hòutiān zǎoshang tuìfáng.

워 야오 쭈 량티엔 허우티엔 짜오상 투이팡

현금으로 지불하겠습니다.

我要付现金。

Wǒ yào fù xiànjīn.

워 야오 푸 씨엔진

이 카드를 기록해 주세요.

请您填这张表。

Qǐng nín tián zhè zhāng biǎo.

칭 닌 티엔 쩌 장 비아오

손님의 방은 3층 307호입니다.

您的房间在三楼三零七号。

Nín de fángjiān zài sān lóu sān líng qī hào.

닌 더 팡지엔 짜이 싼 러우 싼 링 치 하오

여보세요? 룸서비스입니까?

喂，客房服务吗?

Wèi, kèfáng fúwù ma?

웨이 커팡 푸우 마

여기는 602호실인데요.

这儿是六零二号房间。

Zhèr shì liù líng èr hào fángjiān.

쩔 스 리우 링 얼 하오 팡지엔

에어컨에 문제가 있는 것 같아요.

我的空调好像有问题。

Wǒ de kōngtiáo hǎoxiàng yǒu wèntí.

워 더 콩티아오 하오샹 여우 원티

방이 너무 더워요.

房间里很热。

Fángjiān li hěn rè.

팡지엔 리 헌 러

어휘

电视机 (diànshìjī 띠엔스지) 텔레비전

电灯 (diàndēng 띠엔떵) 형광등

冰箱 (bīngxiāng 삥샹) 냉장고

水龙头 (shuǐlóngtóu 수이롱터우) 수도꼭지

모닝콜 좀 해 주세요.

我要一个叫醒电话。

Wǒ yào yí ge jiàoxǐng diànhuà.

워 야오 이 거 지아오씽 띠엔화

92

실례지만, 보관함을 이용하고 싶은데요.

麻烦您，我想用一个保险箱。

Máfan nín, wǒ xiǎng yòng yí ge bǎoxiǎnxiāng.

마판 닌 워 샹 융 이 거 바오씨엔샹

언제든지 이용이 가능합니까?

我随时可以用吗?

Wǒ suíshí kěyǐ yòng ma?

워 쑤이스 커이 융 마

낮이나 밤 모두 가능합니다.

白天或晚上都可以。

Báitiān huò wǎnshang dōu kěyǐ.

바이티엔 후어 완상 떠우 커이

제 보관함 좀 열어 주실래요? 37번입니다.

可以开我的保险箱吗? 是三十七号。

Kěyǐ kāi wǒ de bǎoxiǎnxiāng ma? Shì sān shí qī hào.

커이 카이 워 더 바오씨엔샹 마 스 싼 스 치 하오

93

여기 세탁 서비스 됩니까?

这儿有洗衣服务吗?

Zhèr yǒu xǐ yī fúwù ma?

쩔 여우 씨 이 푸우 마

어떤 것을 세탁하시겠습니까?

您要洗什么?

Nín yào xǐ shénme?

닌 야오 씨 션머

와이셔츠 한 장입니다.

一件衬衫。

Yí jiàn chènshān.

이 찌엔 천산

드라이 클리닝해야 합니다.

要干洗。

Yào gānxǐ.

야오 깐씨

옷을 세탁 봉투에 넣고, 입구에 걸어 두세요.

请您衣服放在洗衣袋里,然后挂在门口。

Qǐng nín yīfū fàng zài xǐyīdài li, ránhòu guàzài ménkǒu.

칭 닌 이푸 팡 짜이 씨이따이 리 란허우 꽈짜이 먼커우 언제 입을 수 있습니까?

什么时候可以穿?

Shénme shíhou kěyǐ chuān?

션머 스허우 커이 추안

좋습니다, 부탁드릴게요.

好, 拜托了。

Hǎo, bàituō le.

하오 빠이투어 러

어휘

一条裤子 (yì tiáo kùzi 이 티아오 쿠쯔) 바지 한 벌

一件西服 (yí jiàn xīfú 이찌엔 씨푸) 양복 한 벌

95

말씀 여쭐게요, 조식은 어디에서 먹습니까?

请问，在哪儿吃早餐?

Qǐng wèn, zài nǎr chī zǎocān?

칭 원 짜이 날 츠 짜오찬

언제부터 시작됩니까?

什么时候开始?

Shénme shíhou kāishǐ?

션머 스허우 카이스

어떤 음식이 있습니까?

有什么菜?

Yǒu shénme cài?

여우 션머 차이

식권을 주시겠습니까?

请给我餐券。

Qǐng gěi wǒ cānquàn.

칭 게이 워 찬취엔

실례지만, 호텔에서 조식을 할 수 있습니까?

请问，饭店里可以吃早餐吗?

Qǐng wèn, fàndiàn li kěyǐ chī zǎocān ma?

칭 원 판띠엔 리 커이 츠 짜오찬 마

양식 정식으로 주세요.

给我西餐定式吧。

Gěi wǒ xīcān dìngshì ba.

게이 워 씨찬 띵스 바

97

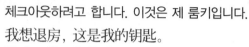

체크아웃하려고 합니다. 이것은 제 룸키입니다.

我想退房, 这是我的钥匙。

Wǒ xiǎng tuìfáng, zhè shì wǒ de yàoshi.

워 샹 투이팡 쩌 스 워 더 야오스

손님의 계산서입니다.

这是您的帐单。

Zhè shì nín de zhàngdān.

쩌 스 닌 더 장딴

말씀 여쭐게요. 이것은 무슨 비용이지요?

请问, 这是什么费用?

Qǐng wèn, zhè shì shénme fèiyòng?

칭 원 쩌 스 션머 페이용

그것은 손님이 냉장고 음료를 이용하신 겁니다.

您用房间冰箱里的饮料费。

Nín yòng fángjiān bīngxiāngli de yǐnliàofèi.

닌 융 팡지엔 삥샹리 더 인리야오 페이

손님이 서울로 거신 국제전화 비용입니다.

您打到汉城的国际电话费。

Nín dǎdào Hànchéng de guójì diànhuàfèi.

닌 다따오 한청 더 궈지 띠엔화페이

신용카드로 계산하시겠습니까?

您用信用卡结帐吗?

Nín yòng xìnyòngkǎ jiézhàng ma?

닌 융 신융카 지에장 마

이것은 영수증이고, 사인해 주세요.

这是您的收据，请签名。

Zhè shì nín de shōujù, qǐng qiānmíng.

쩌 스 닌 더 서우쮜 칭 치엔밍

어서 오세요!

欢迎光临！

Huānyíng guānglín!

환잉 꽝린

오늘 저녁에 빈 방 있습니까?

今天晚上有空房间吗？

Jīntiān wǎnshang yǒu kòng fángjiān ma?

찐티엔 완샹 여우 콩 팡지엔 마

4인용 방만 있습니다.

只有四人间。

Zhǐyǒu sìrénjiān.

즈여우 쓰런지엔

4인용 방은 하룻밤 자는데 얼마예요?

四人房睡一天多少钱？

Sìrénfáng shuì yìtiān duōshao qián?

쓰런팡 쉐이 이티엔 뚜어샤오 치엔

20원입니다.

二十块。

Èrshí kuài.

얼스 콰이

침대 하나 주세요.

给我一张床位。

Gěi wǒ yì zhāng chuángwèi.

게이 워 이 장 츄앙웨이

먼저 계산하세요.

请先付费吧。

Qǐng xiān fùfèi ba.

칭 시엔 푸페이 바

방안에는 어떤 시설이 있나요?

房间里有什么设备?

Fángjiān li yǒu shénme shèbèi?

팡지엔 리 여우 션머 셔뻬이

요리
즐기기

어서 오세요. 이쪽으로 오세요.

欢迎光临。请这边来。

Huānyíng guānglín. Qǐng zhèbiān lái.

환잉 꾸앙린 칭 쩌비엔 라이

메뉴를 보세요. 무엇을 주문하시겠습니까?

请看菜单, 您要点什么?

Qǐng kàn càidān, nín yào diǎn shénme?

칭 칸 차이딴 닌 야오 디엔 션머

저는 중국요리에 대해 잘 모릅니다.

我对中国菜不太懂。

Wǒ duì Zhōngguócài bútài dǒng.

워 뚜이 중궈차이 부타이 똥

이 식당의 주 특기요리는 무엇인지요?

你们有什么拿手菜?

Nǐmen yǒu shénme náshǒucài?

니먼 여우 션머 나셔우차이

너무 느끼한 것은 좋아하지 않아요.

我不喜欢吃太油腻的。

Wǒ bù xǐhuan chī tài yóunì de.

워 뿌 씨환 츠 타이 여우니 더

이것으로 주세요.

我要这个。

Wǒ yào zhè ge.

워 야오 쩌 거

맛이 어떻습니까?

味道怎么样?

Wèidào zěnmeyàng?

웨이따오 쩐머양

정말 맛있습니다.

真好吃。

Zhēn hǎochī.

쩐 하오츠

이렇게 따뜻하게 대접해 주셔서 정말 감사합니다.

谢谢您这么热情的招待我。

Xièxie nín zhème rèqíng de zhāodài wǒ.

씨에씨에 닌 쩌머 러칭 더 쟈오따이 워

그런 말씀 마세요. 당연한 거지요.

不要这么说，是应该的。

Búyào zhème shuō, shì yīnggāi de.

부야오 쩌머 슈어 스 잉까이 더

자, 우리 한잔 합시다.

来，我们干一杯吧。

Lái, wǒmen gān yì bēi ba.

라이 워먼 깐 이 뻬이 바

우리들의 우정을 위하여 건배!

为我们的友谊干杯!

Wèi wǒmen de yǒuyì gānbēi!

웨이 워먼 더 여우이 깐뻬이

이 요리 좀 드셔 보세요.

请您尝尝这个菜。

Qǐng nín chángchang zhè ge cài.

칭 닌 챵챵 쩌 거 차이

감사합니다. 정말 맛있네요.

谢谢，真好吃。

Xièxie, zhēn hǎochī.

씨에씨에 쩐 하오츠

제가 다시 한 잔 올리겠습니다.

我再敬您一杯。

Wǒ zài jìng nín yì bēi.

워 짜이 찡 닌 이 뻬이

한국에서 통쾌하게 다시 한잔 합시다.

我们在韩国再痛痛快快地喝上几杯。

Wǒmen zài Hánguó zài tòngtòngkuàikuài de hēshang jǐ bēi.

워먼 짜이 한궈 짜이 통통콰이콰이 더 허상 지 뻬이

간단한 중국 요리를 먹으려고 합니다.

我想吃简单的中国菜。

Wǒ xiǎng chī jiǎndān de Zhōngguócài.

워 샹 츠 지엔딴 더 중궈차이

이 근처의 식당 좀 알려 주실래요?

请介绍这儿附近的菜馆。

Qǐng jièshào zhèr fùjìn de càiguǎn.

칭 지에샤오 쩔 푸진 더 차이관

호텔 후문을 나가면, 간단한 식당이 있습니다.

您出去旅馆后门, 就能看到家常菜馆。

Nín chūqù lǚguǎn hòumén, jiù néng kàndào jiācháng càiguǎn.

닌 추취 뤼관 허우먼 지우 넝 칸따오 지아창 차이관

어서 오세요, 앉으세요.

欢迎, 请坐。

Huānyíng, qǐng zuò.

환잉 칭 쭈어

무엇을 드시겠습니까?

您要吃什么?

Nín yào chī shénme?

닌 야오 츠 션머

볶음밥과 물만두 10개 주세요.

什锦炒饭和十个水饺。

Shíjǐnchǎofàn hé shí ge shuǐjiǎo.

스진차오판 허 스 거 수이지아오

생수 한 병 주실래요?

请给我一瓶矿泉水, 好吗?

Qǐng gěi wǒ yì píng kuàngquánshuǐ, hǎo ma?

칭 게이 워 이 핑 쾅취엔수이 하오 마

다 먹었습니다. 모두 얼마죠?

吃饱了, 总共多少钱?

Chī bǎo le, zǒnggòng duōshao qián?

츠 바오 러 쫑꿍 뚜어샤오 치엔

혼자 간단한 식사를 할 때

어서 오세요. 이리로 앉으세요.

欢迎光临, 请这儿坐。

Huānyíng guānglín, qǐng zhèr zuò.

환잉 꽝린 칭 쩔 쭈어

창가의 좌석에 앉고 싶은데요.

我想坐靠窗的位子。

Wǒ xiǎng zuò kàochuāng de wèizi.

워 썅 쭈어 카오추앙 더 웨이즈

절 따라 오세요. 여기 괜찮으세요?

请跟我来。这儿可以吗？

Qǐng gēn wǒ lái. Zhèr kěyǐ ma?

칭 껀 워 라이 쩔 커이 마

다른 분 더 기다리십니까?

还要等人吗？

Hái yào děng rén ma?

하이 야오 덩 런 마

아니오, 저 혼자입니다.

不, 我一个人。

Bù, wǒ yí ge rén.

뿌 워 이 거 런

110

지금 음료를 시키겠습니까?

现在要点饮料吗?

Xiànzài yào diǎn yǐnliào ma?

씨엔짜이 야오 디엔 인랴오 마

예, 커피 주세요.

是，我要咖啡。

Shì, wǒ yào kāfēi.

스 워 야오 카페이

크림을 넣어 드릴까요?

要不要加伴侣?

Yào bú yào jiā bànlǚ?

야오 부 야오 지아 반뤼

어서 오세요. 몇 분이시지요?

欢迎光临, 几位?

Huānyíng guānglín, jǐ wèi?

환잉 꽝린 지 웨이

간단하게 한잔 하려구요.

我想简单地喝一杯。

Wǒ xiǎng jiǎndānde hē yì bēi.

워 샹 지엔딴더 허 이 뻬이

메뉴 보십시오. 지금 시키겠습니까?

请您看菜单。现在可以点吗?

Qǐng nín kàn càidān. Xiànzài kěyǐ diǎn ma?

칭 닌 칸 차이딴 씨엔짜이 커이 디엔 마

팔진두부와 어향육사 주세요.

给我们八珍豆腐, 鱼香肉丝。

Gěi wǒmen bāzhēndòufu, yúxiāngròusī.

게이 워먼 빠젼떠우푸 위샹러우쓰

무슨 술을 마시겠습니까?

要喝什么酒?

Yào hē shénme jiǔ?

야오 허 션머 지우

어떤 술이 있습니까?

有什么酒?

Yǒu shénme jiǔ?

여우 션머 지우

맥주는 청도와 남대 두 상표가 있습니다.

啤酒的话，有青岛和蓝带两个牌子。

Píjiǔ de huà, yǒu Qīngdǎo hé lándài liǎng ge páizi.

피지우 더 화 여우 칭다오 허 란따이 량 거 파이쯔

이과두주 한 병 주세요.

给我一瓶二锅头酒吧。

Gěi wǒ yì píng Èrguōtóujiǔ ba.

게이 워 이 핑 얼궈터우지우 바

교통

실례지만, 버스정류장이 어디입니까?

请问, 公共汽车站在哪儿?

Qǐng wèn, gōnggòngqìchēzhàn zài nǎr?

칭 원 꿍꿍치처짠 짜이 나알

교통

이 버스 천안문 갑니까?

这路车到天安门吗?

Zhè lù chē dào Tiān'ānmén ma?

쩌 루 처 따오 티엔안먼 마

교통

실례지만, 여기서 가장 가까운 전철역이 어딥니까?

请问，离这儿最近的地铁站在哪儿?

Qǐng wèn, lí zhèr zuìjìn de dìtiězhàn zài nǎr?

칭 원 리 쩔 쭈이찐 더 띠티에짠 짜이 나알

교통

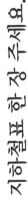

지하철표 한 장 주세요.

给我一张地铁票。
Gěi wǒ yì zhāng dìtiěpiào.

게이 워 이 장 띠티에피아오

교통

119

기사님, 이곳까지 가십시다.

师傅，请到这个地方。

Shīfu, qǐng dào zhè ge dìfang.

스푸 칭 따오 저 거 띠팡

교통

120

이곳에서 좀 기다려 주세요.

请在这儿等一下。

Qǐng zài zhèr děng yíxià.

칭 짜이 쩔 덩 이샤

7

백두산 가는 표 한장 주세요.

我要一张去长白山的。
Wǒ yào yì zhāng qù Chángbáishān de.

워 야오 이 장 취 챵바이산 더

교통

122

차비가 얼마입니까?

车费多少钱?
Chēfèi duōshao qián?

처페이 뚜어사오 치엔

교통

123

전 여기서 내립니다.

我在这儿下车。
Wǒ zài zhèr xiàchē.

워 짜이 쩔 씨아처

교통

124

교통

좀 더 이른(늦은) 열차 있습니까?

有没有再早 (晚) 一点儿的车次?

Yǒuméiyǒu zài zǎo (wǎn) yìdiǎnr de chēcì?

여우메이여우 짜이 짜오 (완) 이디얼 더 처츠

125

저는 외국인(한국인)입니다.

我是外宾(韩国人)。
Wǒ shì wàibīn (Hánguórén).

워 스 와이삔(한궈런)

교통

126

××항공의 탑승수속대가 어디입니까?

××航空的登机处在哪儿?

hángkōng de dēngjīchù zài nǎr?

항콩 더 떵지추 짜이 나얼

교통

127

내일 표를 한 장 예매하고 싶은데요.

我想预购一张明天的船票。

Wǒ xiǎng yùgòu yì zhāng míngtiān de chuánpiào.

워 샹 위꺼우 이 장 밍티엔 더 추안피아오

교통

배멀미가 나는데, 약 좀 주시겠어요.

我晕船了，请给我点儿药吧。

Wǒ yùnchuán le, qǐng gěi wǒ diǎnr yào ba.

워 윈추안 러 칭 게이 워 디열 야오 바

교통

129

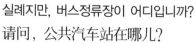

실례지만, 버스정류장이 어디입니까?

请问，公共汽车站在哪儿?

Qǐng wèn, gōnggòngqìchēzhàn zài nǎr?

칭 원 꽁꽁치처짠 짜이 나알

길을 건너면 바로 정류장이에요.

过马路就是公共汽车站。

Guò mǎlù jiùshì gōnggòngqìchēzhàn.

꾸어 마루 지우스 꽁꽁치처짠

천단공원에 가려면 몇 번 버스를 타야 합니까?

到天坛公园要坐几路车?

Dào Tiāntán gōngyuán yào zuò jǐ lù chē?

따오 티엔탄 꿍위엔 야오 쭈어 지 루 처

123번 버스를 타세요.

坐一二三路车。

Zuò yāo èr sān lù chē.

쭈어 야오 얼 싼 루 처

이 버스 천안문 갑니까?

这路车到天安门吗?

Zhè lù chē dào Tiān'ānmén ma?

쩌 루 처 따오 티엔안먼 마

여기서 천단공원까지 얼마죠?

从这儿到天坛公园多少钱?

Cóng zhèr dào Tiāntán gōngyuán duōshao qián?

총 쩔 따오 티엔탄 꿍위엔 뚜어샤오 치엔

어디에서 갈아탑니까?

在哪儿换车?

Zài nǎr huànchē?

짜이 나알 환처

저는 ××에서 내립니다.

我在××下车。

Wǒ zài xiàchē.

워 짜이 샤처

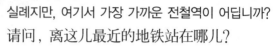

실례지만, 여기서 가장 가까운 전철역이 어딥니까?

请问，离这儿最近的地铁站在哪儿?

Qǐng wèn, lí zhèr zuìjìn de dìtiězhàn zài nǎr?

칭 원 리 쩔 쭈이찐 더 띠티에짠 짜이 나알

먼저 25번 버스를 타고,

您先坐二十五路公共汽车,

Nín xiān zuò èrshíwǔlù gōnggòngqìchē,

닌 씨엔 쭈어 얼스우루 꿍꿍치처

전문거리에서 내리시면 전철역이 있습니다.

到前门大街下车就有地铁站。

dào qiánmén dàjiē xiàchē jiù yǒu dìtiězhàn.

따오 치엔먼 따지에 샤처 지우 여우 띠티에짠

말 좀 물어봅시다. 매표소가 어딥니까?

请问，售票处在哪儿?

Qǐng wèn, shòupiàochù zài nǎr?

칭 원 셔우피아오추 짜이 나알

지하철표 한 장 주세요.

给我一张地铁票。

Gěi wǒ yì zhāng dìtiěpiào.

게이 워 이 장 띠티에피아오

××쪽으로 가는 출구가 어디입니까?

往××的出口在哪儿?

Wǎng de chūkǒu zài nǎr?

왕 더 추커우 짜이 나알

××는 몇 번째 정거장입니까?

××是第几站?

shì dì jǐ zhàn?

스 띠 지 짠

몇 정거장 더 가야 합니까?

还有几站?

Háiyǒu jǐ zhàn?

하이여우 지 짠

이곳에서 차 빌리는 데 하루 얼마입니까?

在这儿包车，多少钱一天?

Zài zhèr bāochē, duōshao qián yìtiān?

짜이 쩔 빠오처 뚜어샤오 치엔 이티엔?

택시 한 대 불러주세요.

请叫一辆出租车。

Qǐng jiào yí liàng chūzūchē.

칭 지아오 이 량 추쭈처

기사님, 이곳까지 가십시다.

师傅，请到这个地方。

Shīfu, qǐng dào zhè ge dìfang.

스푸 칭 따오 저 거 띠팡

번거롭겠지만, 좀 빨리 달려 주시겠어요?

麻烦你，请尽量开快点儿，好吗?

Máfan nǐ, qǐng jǐnliàng kāi kuàidiǎnr, hǎo ma?

마판 니 칭 진량 카이 콰이디얼 하오 마?

얼마나 걸립니까?

要多长时间?

Yào duōcháng shíjiān?

야오 뚜어 창 스지엔

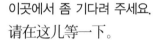

××까지 얼마입니까?

到××要多少钱?

Dào yào duōshao qián?

따오 야오 뚜어샤오 치엔

이곳에서 좀 기다려 주세요.

请在这儿等一下。

Qǐng zài zhèr děng yíxià.

칭 짜이 쩔 덩 이샤

미터기와 요금이 다르네요.

车费跟计程表不一致。

Chēfèi gēn jìchéngbiǎo bù yízhì.

처페이 껀 지청비야오 뿌 이즈

백두산 가는 장거리 버스정류장이 어디입니까?

到长白山长途汽车站在哪儿?

Dào Chángbáishān chángtúqìchēzhàn zài nǎr?

따오 창바이산 창투치처짠 짜이 나알

동북아 정류소로 가세요.

请到东北亚车站。

Qǐng dào Dōngběiyà chēzhàn.

칭 따오 뚱베이야 처짠

매표소가 어디입니까?

售票处在什么地方?

Shòupiàochù zài shénme dìfang?

셔우피아오추 짜이 션머 띠팡

백두산 가는 표 한장 주세요.

我要一张去长白山的。

Wǒ yào yì zhāng qù Chángbáishān de.

워 야오 이 장 취 창바이산 더

몇 시에 출발합니까?

几点出发?

Jǐ diǎn chūfā?

지 디엔 추파?

몇 시간 타야 합니까?

要坐几个小时?

Yào zuò jǐ ge xiǎoshí?

야오 쭈어 지 거 씨아오스

약 6시간입니다.

大约六个小时。

Dàyuē liù ge xiǎoshí.

따위에 리우 거 씨아오스

차비가 얼마입니까?

车费多少钱?

Chēfèi duōshao qián?

처페이 뚜어샤오 치엔

다음번 차는 언제 출발합니까?

下一趟车几点开?

Xià yí tàng chē jǐ diǎn kāi?

씨아 이 탕 처 지 디엔 카이

이 자리에 사람 있습니까?

这座位有人吗?

Zhè zuòwèi yǒu rén ma?

쩌 쭈어웨이 여우 런 마

짐은 어디에 둡니까?

行李应该放在哪儿?

Xíngli yīnggāi fàng zài nǎr?

씽리 잉까이 팡 짜이 나알

이곳에선 얼마나 머뭅니까?

在这儿停多久?

Zài zhèr tíng duōjiǔ?

짜이 쩔 팅 뚜어지우

전 여기서 내립니다.

我在这儿下车。

Wǒ zài zhèr xiàchē.

워 짜이 쩔 씨아처

××역 가려면 몇 번 버스를 타야 합니까?

去××站坐几路车?

Qù zhàn zuò jǐ lù chē?

취 짠 쭈어 지 루 처

이 버스 ××역에 갑니까?

这个车到××站吗?

Zhè ge chē dào zhàn mɑ?

쩌 거 처 따오 짠 마

××역까지 갑시다.

请到××站。

Qǐng dào zhàn.

칭 따오 짠

××까지 가는 차표, 어느 창구에서 삽니까?

去××的车票, 在哪个窗口买?

Qù de chēpiào, zài nǎ ge chuāngkǒu mǎi?

취 더 처피아오 짜이 나 거 추앙커우 마이

광주 가는 기차표 한 장 사려고 합니다.

我想买一张到广州的火车票。

Wǒ xiǎng mǎi yì zhāng dào Guǎngzhōu de huǒchē piào.

워 샹 마이 이 장 따오 광저우 더 후어처피아오

139

부드러운 좌석이요, 아니면 딱딱한 좌석이요?

您要软座还是硬座?

Nín yào ruǎnzuò háishì yìngzuò?

닌 야오 루안쭈어 하이스 잉쭈어

×× 가는 딱딱한(부드러운) 좌석표 한 장 주세요

请给我一张去××的硬(软)座票。

Qǐng gěi wǒ yì zhāng qù de yìng (ruǎn) zuòpiào.

칭 게이 워 이 장 취 더 잉(루안)쭈어피아오

×× 가는 부드러운 침대칸 한 장 주세요.

请给我一张去××的软卧票。

Qǐng gěi wǒ yì zhāng qù de ruǎnwòpiào.

칭 게이 워 이 장 취 더 루안워피아오

여기 표 있습니다.

这儿有票。

Zhèr yǒu piào.

쩔 여우 피아오

좌석 찾는 것 좀 도와주시겠어요?

请帮我找这个座位，好吗?

Qǐng bāng wǒ zhǎo zhè ge zuòwèi, hǎo ma?

칭 빵 워 쟈오 쩌 거 쭈어웨이 하오 마

요금이 얼마입니까?

票价是多少?

Piàojià shì duōshao?

피아오지아 스 뚜어샤오

언제 ××에 도착합니까?

什么时候到××?

Shénme shíhou dào ?

션머 스허우 따오

침대 상단을 드릴까요, 하단을 드릴까요?

你要上铺还是要下铺?

Nǐ yào shàngpù háishì yào xiàpù?

니 야오 상푸 하이스 야오 씨아푸

좀 더 이른(늦은) 열차 있습니까?

有没有再早(晚)一点儿的车次?

Yǒuméiyǒu zài zǎo (wǎn) yìdiǎnr de chēcì?

여우메이여우 짜이 짜오 (완) 이디얼 더 처츠

표를 반환할 수 있나요?

能退票吗?

Néng tuìpiào mɑ?

넝 투이피아오 마

열차시각표 한 부 사려고 합니다.

我要买一本列车时刻表。

Wǒ yào mǎi yì běn lièchē shíkèbiǎo.

워 야오 마이 이 번 리에처 스커비아오

열차가 정시에 출발합니까?

列车准时开吗?

Lièchē zhǔnshí kāi mɑ?

리에처 준스 카이 마

개찰이 시작되었으니, 역 안으로 들어가세요.

开始检票了, 进站吧。

Kāishǐ jiǎnpiào le, jìn zhàn bɑ.

카이스 지엔피아오러 찐 짠 바

몇 번 플랫폼에서 타나요?

从几号站台上车?

Cóng jǐ hào zhàntái shàngchē?

총 지 하오 짠타이 상처

저는 외국인(한국인)입니다.

我是外宾(韩国人)。

Wǒ shì wàibīn (Hánguórén).

워 스 와이삔(한궈런)

침대차가 어느 차입니까?

卧铺车是哪个车厢?

Wòpùchē shì nǎ ge chēxiāng?

워푸처 스 나 거 처샹

식당차가 있습니까?

有餐车吗?

Yǒu cānchē ma?

여우 찬처 마

여기서 서안까지 가는 비행기표 한 장 주세요.

我想买一张从这儿到西安的机票。

Wǒ xiǎng mǎi yì zhāng cóng zhèr dào Xǐ ān de jīpiào.

워 샹 마이 이 장 총 쩔 따오 씨안 더 지피아오

×× 가는 비행기 좌석을 예약하려 합니다.

我想订一张去××的飞机票。

Wǒ xiǎng dìng yì zhāng qù de fēijīpiào.

워 샹 띵 이 장 취 더 페이지피아오

일반석으로 주세요.

我要经济舱。

Wǒ yào jīngjìcāng.

워 야오 찡지창

이번주 일요일에 좌석 있습니까?

这礼拜天有位子吗?

Zhè lǐbàitiān yǒu wèizi ma?

쩌 리빠이티엔 여우 웨이쯔 마

죄송하지만, 만석입니다.

对不起，都满了。

Duìbuqǐ, dōu mǎn le.

뚜이부치 떠우 만 러

제 좌석의 예약을 재확인하려고 합니다.

我想确认一下我的座位。

Wǒ xiǎng quèrèn yíxià wǒ de zuòwèi.

워 샹 취에런 이샤 워 더 쭈어웨이

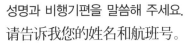

성명과 비행기편을 말씀해 주세요.

请告诉我您的姓名和航班号。

Qǐng gàosu wǒ nín de xìngmíng hé hángbānhào.

칭 까오쑤 워 닌 더 씽밍 허 항빤하오

비행기편과 시간을 알려주세요.

请告诉我航班和时间吧。

Qǐng gàosu wǒ hángbān hé shíjiān ba.

칭 까오쑤 워 항빤 허 스지엔 바

요금이 얼마입니까?

票价多少钱?

Piàojià duōshao qián?

피아오지아 뚜어샤오 치엔

실례지만, 예약을 변경하고 싶습니다.

麻烦您, 我想改变原定的班机。

Máfan nín, wǒ xiǎng gǎibiàn yuándìng de bānjī.

마판 닌 워 샹 가이삐엔 위엔띵 더 빤지

비행기

명단에 손님의 이름이 없습니다!

名单上没有您的名字!

Míngdān shang méiyou nín de míngzi!

밍딴 상 메이여우 닌 더 밍쯔

다시 좌석을 예약해 주세요.

给我重新订机位。

Gěi wǒ chóngxīn dìng jīwèi.

게이 워 총씬 띵 지웨이

서안 가는 다음 비행기는 언제 있습니까?

下一个去西安的班机，是什么时候?

Xià yí ge qù Xī'ān de bānjī, shì shénme shíhou?

샤 이 거 취 씨안 더 빤지 스 션머 스허우

이름은 ××이고, 상해 가는 MU303편입니다.

我叫××，飞往上海的MU303航班。

Wǒ jiào, fēiwǎng Shànghǎi de MU sānlíngsān hángbān.

워 지아오 페이왕 상하이 더 MU싼링싼 항빤

언제 출발이십니까?

是哪一天出发的?

Shì nǎ yì tiān chūfā de?

스 나 이 티엔 추파 더

민항 탑승수속은 어디서 합니까?

民航的登机处在哪儿?

Mínháng de dēngjīchù zài nǎr?

민항 더 떵지추 짜이 나알

앞쪽의 데스크로 가세요.

请到前面柜台。

Qǐng dào qiánmiàn guìtái.

칭 따오 치엔미엔 꾸이타이

비행기표 주세요. 짐이 있으세요?

请给我机票。您有行李吗?

Qǐng gěi wǒ jīpiào. Nín yǒu xíngli ma?

칭 게이 워 지피아오 닌 여우 씽리 마

짐은 두 개이고, 모두 부칠 거에요.

有两件，都要托运。

Yǒu liǎng jiàn, dōu yào tuōyùn.

여우 량 지엔 떠우 아오 투어윈

탁송할 짐이 없습니다.

我没有托运的行李。

Wǒ méiyǒu tuōyùn de xíngli.

워 메이여우 투어윈 더 씽리

147

좌석은 어디를 원하세요?

您要哪个位子?

Nín yào nǎ ge wèizi?

닌 야오 나 거 웨이쯔

친구와 함께 앉을 수 있도록 해 주세요.

最好能跟朋友并排坐。

Zuìhǎo néng gēn péngyou bìng páizuò.

쭈이하오 넝 건 펑여우 삥 파이쭈어

탑승권과 짐표를 드립니다.

给您登机牌和行李牌。

Gěi nín dēngjīpái hé xínglipái.

게이 닌 떵지파이 허 씽리파이

얼마나 연착됩니까?

要延误多长时间?

Yào yánwù duōcháng shíjiān?

야오 옌우 뚜어창 스지엔

이 물건은 깨지기 쉬운 것입니다.

这个东西容易损坏。

Zhè ge dōngxi róngyì sǔnhuài.

쩌 거 뚱시 롱이 쑨후아이

몇 번 게이트로 탑승합니까?

从几号登机口上机?

Cóng jǐ hào dēngjīkǒu shàng jī?

총 지 하오 떵지커우 상 지

8번 게이트가 어디입니까?

第八搭乘口在哪里?

Dì bā dāchéngkǒu zài nǎli?

띠 빠 따청커우 짜이 나리

제 좌석 좀 알려주세요.

请告诉我我的座位在哪儿。

Qǐng gàosu wǒ wǒ de zuòwèi zài nǎr.

칭 까오쑤 워 워 더 쭈워웨이 짜이 나알

비행기편과 시간을 알려주세요.

请告诉我航班和时间吧。

Qǐng gàosu wǒ hángbān hé shíjiān ba.

칭 까오쑤 워 항빤 허 스지엔 바

××항공의 탑승수속대가 어디입니까?

××航空的登机处在哪儿?

hángkōng de dēngjīchù zài nǎr?

항쿵 더 떵지추 짜이 나알

실례지만, 어디에서 배표를 삽니까?

请问，在哪儿买船票？

Qǐng wèn, zài nǎr mǎi chuánpiào?

칭 원 짜이 나알 마이 추안피아오

오늘 항주에 도착하는 배표가 있습니까?

有今天到杭州的船票吗？

Yǒu jīntiān dào Hángzhōu de chuánpiào mɑ?

여우 진티엔 따오 항저우 더 추안피아오 마

내일 표를 한 장 예매하고 싶은데요.

我想预购一张明天的船票。

Wǒ xiǎng yùgòu yì zhāng míngtiān de chuánpiào.

워 샹 위꺼우 이 장 밍티엔 더 추안피아오

이 배값에는 식사도 포함되어 있나요?

这船费里包餐吗？

Zhè chuánfèi li bāocān mɑ?

저 추안페이 리 빠오찬 마

어디에서 상선합니까?

从哪儿上船呢？

Cóng nǎr shàngchuán ne?

총 나알 상추안 너

상선 시간은요?

上船时间呢?

Shàngchuán shíjiān ne?

상추안 스지엔 너

출발 두 시간 전에 상선하실 수 있습니다.

起航前两个小时就可以上船。

Qǐ háng qián liǎng ge xiǎoshí jiù kěyǐ shàngchuán.

치 항 치엔 량 거 씨아오스 지우 커이 상추안

배가 정시에 출발할 수 있나요?

船能按时起锚吗?

Chuán néng ànshí qǐmáo ma?

추안 넝 안스 치마오 마

이등(일등) 선실 요금이 얼마입니까?

二等(头等)舱的票价是多少钱?

Èr děng (tóu děng) cāng de piàojià shì duōshao qián?

얼덩 (터우덩) 창 더 피아오지아 스 뚜어샤오 치엔

여기서 얼마나 머무릅니까?

在这儿停多久?

Zài zhèr tíng duōjiǔ?

짜이 쩔 팅 뚜어지우

정박할 때, 시내 구경을 해도 됩니까?

停泊期间，我想看看市容，行吗?

Tíngbó qījiān, wǒ xiǎng kànkan shìróng, xíng ma?

팅보 치지엔 워 썅 칸칸 스롱 씽 마

야간에도 항해합니까?

夜间也行船吗?

Yèjiān yě xíngchuán ma?

예지엔 예 씽추안 마

저는 장강유람선을 타고 싶습니다.

我想坐长江里下行的游览船。

Wǒ xiǎng zuò Chángjiāng li xiàxíng de yóulǎnchuán.

워 샹 쭈어 창지앙 리 샤씽 더 여우란추안

중경에서 배를 타고 무한까지 며칠 걸립니까?

重庆坐船到武汉要几天?

Chóngqìng zuòchuán dào wǔhàn yào jǐ tiān?

충칭 쭈어추안 따오 우한 야오 지 티엔

중경과 무한 사이에 매일 정기선이 다닙니까?

重庆和武汉之间每天都有班船吗?

Chóngqìng hé Wǔhàn zhījiān měitiān dōu yǒu bānchuán ma?

충칭 허 우한 즈지엔 메이티엔 떠우 여우 빤추안 마

정기선 외에 유람선도 있습니까?

除了班船以外，也有游览船吗?

Chúle bānchuán yǐwài, yě yǒu yóulǎnchuán ma?

추러 빤추안 이와이 예 여우 여우란추안 마

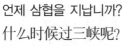

언제 삼협을 지납니까?

什么时候过三峡呢?

Shénme shíhou guò Sānxiá ne?

션머 스허우 꾸어 싼씨아 너

배멀미가 나는데, 약 좀 주시겠어요.

我晕船了，请给我点儿药吧。

Wǒ yùnchuán le, qǐng gěi wǒ diǎnr yào ba.

워 원추안 러 칭 게이 워 디얼 야오 바

휴게실로 가시면 전망대가 있습니다.

您到休息室，那儿有了望台。

Nín dào xiūxishì, nàr yǒu liàowàngtái.

닌 따오 씨우시스 날 여우 리야오왕타이

153

쇼핑

쇼핑

중국특산품을 사려고요.

我想买一些中国特产品。

Wǒ xiǎng mǎi yìxiē Zhōngguó tèchǎnpǐn.

워 샹 마이 이씨에 중궈 터찬핀

너무 비싸요! 좀 싸게 해주실 수 없어요?

太贵了！能不能便宜一点?

Tài guì le! Néng bu néng piányi yìdiǎn?

타이 꾸이 러 넝 뿌 넝 피엔이 이디엔

쇼핑

다른 상점 좀 둘러볼게요.

我想去看看别的商店。

Wǒ xiǎng qù kànkan biéde shāngdiàn.

워 샹 취 칸칸 비에더 샹띠엔

쇼핑

158

이 물건을 바꾸려구요.

我要换这个东西。
Wǒ yào huàn zhè ge dōngxi.

워 야오 환 쩌 거 둥시

쇼핑

실례합니다. ××을 사고 싶은데요.

劳驾, 我想买××。

Láojià, wǒ xiǎng mǎi.

라오지아 워 샹 마이

다른 것을 좀 보여주세요.

请给我看看别的。

Qǐng gěi wǒ kànkan biéde.

칭 게이 워 칸칸 비에더

쇼핑

161

전부(한 개) 얼마지요?

一共 (一个) 多少钱?
Yígòng (yíge) duōshao qián?

이꽁 (이거) 뚜어샤오 치엔

쇼핑

쇼핑

8

여행자수표(신용카드/한화)로 지불해도 됩니까?

可以用旅行支票(信用卡/韩币)付钱吗?

Kěyǐ yòng lǚxíngzhīpiào (xìnyòngkǎ / hánbì) fù qián ma?

커이 융 뤼싱즈피아오 (씬융카/한삐) 푸 치엔 마

163

어서 오세요. 무얼 드릴까요?

欢迎，您要什么?

Huānyíng, nín yào shénme?

환잉 닌 야오 션머

중국특산품을 사려고요.

我想买一些中国特产品。

Wǒ xiǎng mǎi yìxiē Zhōngguó tèchǎnpǐn.

워 샹 마이 이씨에 중궈 터찬핀

한국 친구들에게 기념품으로 줄 거에요.

我想送给韩国朋友做纪念的。

Wǒ xiǎng sòng gěi Hánguó péngyou zuò jìniàn de.

워 샹 쏭 게이 한궈 펑여우 쭈어 지니엔 더

그래요? 좀 보여주세요.

是吗? 请给我看一下。

Shì ma? Qǐng gěi wǒ kàn yíxià.

스 마 칭 게이 워 칸 이샤

부채 다섯 개만 주세요.

我要买五把扇子。

Wǒ yào mǎi wǔ bǎ shànzi.

워 야오 마이 우 바 산쯔

어휘

画儿 (huàr 활) 그림
瓷器 (cíqì 츠치) 자기
扇子 (shànzi 산쯔) 부채
玉 (yù 위) 옥

164

좀 여쭐게요. 이 거리에선 어떤 물건을 팝니까?

请问，这条街都卖什么东西？

Qǐng wèn, zhè tiáo jiē dōu mài shénme dōngxi?

칭 원 저 티아오 지에 떠우 마이 션머 뚱시

전문적으로 차만 파는 상점은 없나요?

有没有专卖茶的商店？

Yǒuméiyǒu zhuānmài chá de shāngdiàn?

여우메이여우 쭈안마이 차 더 상띠엔

너무 비싸요! 좀 싸게 해주실 수 없어요?

太贵了！能不能便宜一点？

Tài guì le! Néng bu néng piányi yìdiǎn?

타이 꾸이 러 넝 뿌 넝 피엔이 이디엔

안돼요. 이미 굉장히 싼 겁니다.

不行，已经很便宜了。

Bùxíng, yǐjing hěn piányi le.

뿌씽 이징 헌 피엔이 러

중국차 좀 사려고 합니다.

我想买一些中国茶。

Wǒ xiǎng mǎi yìxiē Zhōngguó chá.

워 샹 마이 이씨에 중궈 차

쇼핑

좀 더 싼 것은 없나요?

有没有再便宜一点的?

Yǒuméiyǒu zài piányi yìdiǎn de?

여우메이여우 짜이 피엔이 이디엔 더

이것은 얼마입니까?

这个多少钱?

Zhè ge duōshao qián?

쩌 거 뚜어샤오 치엔

어떻게 팝니까?

怎么卖?

Zěnme mài?

전머 마이

무엇을 사려구요?

您要买什么?

Nín yào mǎi shénme?

닌 야오 마이 션머

이것 어떻게 팔지요?

这个怎么卖?

Zhè ge zěnme mài?

쩌 거 쩐머 마이

그렇게 비쌀리가요?

不应该那么贵吧?

Bù yīnggāi nàme guì ba?

뿌 잉까이 나머 꾸이 바

이렇게 비싸면 전 사기가 어렵네요.

这么贵，我没办法买。

Zhème guì, wǒ méi bànfǎ mǎi.

쩌머 꾸이 워 메이 빤파 마이

다른 상점 좀 둘러볼게요.

我想去看看别的商店。

Wǒ xiǎng qù kànkan biéde shāngdiàn.

워 샹 취 칸칸 비에더 상띠엔

싸게 해 드리지요. 10%할인해드리면 되겠죠.

好啦。算你便宜，打九折行了吧。

Hǎo la, suàn nǐ piányi, dǎ jiǔ zhé xíng le ba.

하오 라 쑤안 니 피엔이 따 지우 저 씽 러 바

안 돼요, 벌써 손해났는걸요.

不行，已经赔钱了。

Bùxíng, yǐjing péiqián le.

뿌씽 이징 페이치엔 러

알겠어요, 당신이 이긴 걸로 합시다.

好吧，算你赢了。

Hǎo ba, suàn nǐ yíng le.

하오 바 쑤안 니 잉 러

이 물건을 바꾸려구요.

我要换这个东西。

Wǒ yào huàn zhè ge dōngxi.

워 야오 환 쩌 거 뚱시

어찌된 거죠?

怎么了?

Zěnme le?

쩐머 러

호텔에 돌아가 시험해보니 움직이질 않더라구요.

我回饭店试了试，它不动。

Wǒ huí fàndiàn shì le shì, tā bú dòng.

워 후이 판띠엔 스 러 스 타 부 똥

제게 물건과 영수증 좀 보여주세요.

给我看看东西和收据。

Gěi wǒ kànkan dōngxi hé shōujù.

게이 워 칸칸 뚱시 허 셔우쥐

문제가 있는 것 아니에요?

是不是有毛病?

Shì bu shì yǒu máobìng?

스 부 스 여우 마오삥

쇼핑

다른 것으로 바꾸실래요?

您要换别的吗?

Nín yào huàn biéde mɑ?

닌 야오 환 비에더 마

여기선 환불이 안 됩니다.

我们这儿不能退货。

Wǒmen zhèr bù néng tuìhuò.

워먼 쩔 뿌 넝 투이후어

다른 것으로 고르세요.

请您挑别的。

Qǐng nín tiāo biéde.

칭 닌 티아오 비에더

170

실례합니다. ××을 사고 싶은데요.

劳驾， 我想买××。

Láojià, wǒ xiǎng mǎi.

라오지아 워 샹 마이

저것을 보고 싶은데요.

我想看看那个。

Wǒ xiǎng kànkan nàge.

워 샹 칸칸 나거

꺼내서 보여주실래요?

拿出来看看好吗?

Náchūlái kànkan hǎo ma.

나추라이 칸칸 하오 마

다른 것을 좀 보여주세요.

请给我看看别的。

Qǐng gěi wǒ kànkan biéde.

칭 게이 워 칸칸 비에더

무슨(다른)색이 있나요?

有什么(别的)颜色?

Yǒu shénme (biéde) yánsè?

여우 션머 (비에더) 옌써

171

좀 더 큰(작은) 것도 있나요?

有没有再大(小)一点的?

Yǒuméiyǒu zài dà (xiǎo) yìdiǎnde?

여우메이여우 짜이 따 (씨아오) 이디엔더

다른 스타일은 없습니까?

有没有别的样式?

Yǒuméiyǒu biéde yàngshì?

여우메이여우 비에더 양스

실크(면)로 된 것은 없습니까?

有没有用丝绸(棉布)作的?

Yǒuméiyǒu yòng sīchóu (miánbù) zuòde?

여우메이여우 용 쓰쳐우 (미엔뿌) 쭈오더

××이 있습니까?

有没有××?

Yǒuméiyǒu ?

여우메이여우

이것(저것)으로 주세요.

我要这个(那个)。

Wǒ yào zhège (nàge).

워 야오 쩌거 (나거)

좀 더 싸게 해주실 수 없나요?

能不能再便宜一点?

Néngbùnéng zài piányi yìdiǎn?

넝뿌넝 짜이 피엔이 이디엔

따로 포장해 주시겠어요?

分开包一下好吗?

Fēnkāi bāo yíxià hǎo ma?

펀카이 빠오 이시아 하오 마

전부(한 개) 얼마지요?

一共(一个)多少钱?

Yígòng (yíge) duōshao qián?

이꿍 (이거) 뚜어샤오 치엔

여행자수표(신용카드/한화)로 지불해도 됩니까?

可以用旅行支票(信用卡/ 韩币)付钱吗?

Kěyǐ yòng lǚxíngzhīpiào (xìnyòngkǎ / hánbì) fù qián ma?

커이 용 뤼싱즈피아오 (씬용카/한삐) 푸 치엔 마

영수증을 주세요.

请给我收据好吗?

Qǐng gěi wǒ shōujù hǎo ma?

칭 게이 워 셔우쥐 하오 마

현지
구경하기

현지 구경하기

말씀 여쭐게요. 북경우의상점이 어디입니까?

请问，北京友谊商店在哪儿?
Qǐng wèn, Běijīng yǒuyì shāngdiàn zài nǎr?

칭 원 베이징 여우이 상띠엔 짜이 나얼

1

176

큰일났네요, 길을 잃었어요.

糟糕，我迷路了。

Zāogāo, wǒ mílù le.

짜오까오 워 미루 러

현지 구경하기

177

한국어(영어/일어) 가이드가 있나요?

有韩语 (英语 / 日语) 导游吗?
Yǒu Hányǔ (Yīngyǔ / Rìyǔ) dǎoyóu ma?

예우 한위 (잉위 / 르위) 다오여우 마

현지 구경하기

현지 구경하기

4

휴게실(화장실, 매점)이 어디입니까?

休息处(厕所，小卖部)在哪儿?
Xiūxichù (cèsuǒ, xiǎomàibù) zài nǎr?

씨우시추 (쳐쑤어 씨아오마이뿌) 짜이 나알

179

179

우리 좀 쉽시다.

我们休息一下。
Wǒmen xiūxi yíxià.

위먼 씨우시 이샤

현지 구경하기

오늘 정말 유쾌했습니다.

我今天玩儿得真愉快。

wǒ jīntiān wánrde zhēn yúkuài.

워 찐티엔 왈더 쩐 위콰이

현지 구경하기

실례지만, 사진 좀 찍어 주실래요?

麻烦您，请帮我照相好吗?
Máfan nín, qǐng bāng wǒ zhàoxiàng hǎo ma?

마판 닌 칭 빵 워 자오샹 하오 마

현지 구경하기

알겠습니다. 자 웃으세요. 하나, 둘, 셋.

明白了。请笑一下, 一, 二, 三。

Míngbai le. Qǐng xiào yíxià, yī, èr, sān.

밍바이 러 칭 샤오 이시아 이 얼 싼

한자 구경하기

말씀 좀 여쭐게요, 북경에 어떤 관광지가 있나요?

请问，在北京有哪些观光胜地？

Qǐng wèn, zài Běijīng yǒu nǎxiē guānguāng shèngdì?

칭 원 짜이 베이징 여우 나씨에 꾸안꽝 성띠

어디에서 시내 지도를 살 수 있나요?

在哪儿能买到城市地图？

Zài nǎr néng mǎidào chéngshì dìtú?

짜이 나알 넝 마이따오 청스 띠투

북경 시내지도 한 장만 주세요.

请给我一张北京市地图。

Qǐng gěi wǒ yì zhāng Běijīngshì dìtú.

칭 게이 워 이 장 베이징스 띠투

한국어를 할 수 있는 가이드를 부르고 싶은데요.

我想要请一位会说韩文的导游。

Wǒ xiǎng yào qǐng yí wèi huì shuō Hánwén de dǎoyóu.

워 샹 야오 칭 이 웨이 후이 슈어 한원 더 다오여우

하루 가이드 요청할 때 얼마지요?

请导游一天多少钱？

Qǐng dǎoyóu yì tiān duōshao qián?

칭 다오여우 이 티엔 뚜어샤오 치엔

혼자 여행할 때

수고하십니다. 여기서 천안문까지 멉니까?

劳驾，从这儿到天安门远吗?

Láojià, cóng zhèr dào Tiān'ānmén yuǎn ma?

라오지야 총 쩔 따오 티엔안먼 위엔 마

별로 안 멀어요.

不太远。

Bú tài yuǎn.

부 타이 위엔

어휘

很远 (hěn yuǎn 헌 위엔) 굉장히 멀어요

很近 (hěn jìn 헌 찐) 가까워요

这儿附近 (zhèr fùjìn 쩔 푸찐) 이 근처예요

远一点儿 (yuǎn yìdiǎnr 위엔 이디얼) 좀 멀어요

이 길을 따라서 쭉 가세요.

请您一直走这条路。

Qǐng nín yìzhí zǒu zhè tiáo lù.

칭 닌 이즈 쩌우 쩌 티아오 루

걸어서 10분이면 됩니다.

差不多走十分钟就到。

Chàbuduō zǒu shí fēnzhōng jiù dào.

차부뚜어 쩌우 스 펀중 지우 따오

제 지도를 이용해서 다시 한번 설명해 주실래요?

请您用我的地图再说明一次，好吗?

Qǐng nín yòng wǒ de dìtú zài shuōmíng yícì, hǎo ma?

칭 닌 용 워 더 띠투 짜이 슈어밍 이츠 하오 마

현지 구경하기

말씀 여쭐게요. 북경우의상점이 어디입니까?

请问，北京友谊商店在哪儿?

Qǐng wèn, Běijīng yǒuyì shāngdiàn zài nǎr?

칭 원 베이징 여우이 상띠엔 짜이 나알

여기서 거기까지 어떻게 가지요?

从这儿到那儿怎么去?

Cóng zhèr dào nàr zěnme qù?

총 쩔 따오 날 쩐머 취

차를 갈아타야 됩니까?

要换车吗?

Yào huànchē ma?

야오 환처 마

모두 몇 정거장을 가야 합니까?

总共坐几站?

Zǒnggòng zuò jǐ zhàn?

쭝꽁 쭈어 지 짠

여기서부터 시작해서 여섯 정거장입니다.

从这儿开始坐六站。

Cóng zhèr kāishǐ zuò liù zhàn.

총 쩔 카이스 쭈어 리우 짠

길을 잃었을 때

좀 물어볼게요, 여기가 왕부정거리입니까?

请问一下，这儿是不是王府井大街？

Qǐng wèn yíxià, zhèr shì bú shì Wángfǔjǐng dàjiē?

칭 원 이샤 쩔 스 부 스 왕푸징 따지에

큰일났네요, 길을 잃었어요.

糟糕，我迷路了。

Zāogāo, wǒ mílù le.

짜오까오 워 미루 러

저 좀 데려다 주세요.

请你带我去吧。

Qǐng nǐ dài wǒ qù ba.

칭 니 따이 워 취 바

제게 길 안내 좀 해 주세요.

请您给我带路吧。

Qǐng nín gěi wǒ dàilù ba.

칭 닌 게이 워 따이루 바

여기가 어딥니까? 어떻게 가야 합니까?

这儿是哪儿？要怎么走？

Zhèr shì nǎr? Yào zěnme zǒu?

쩔 스 나알 야오 쩐머 쩌우

현지 구경하기

교외(시내)관광단체에 참여하고 싶습니다.

我想参加一个郊区(市区)旅游团。

Wǒ xiǎng cānjiā yíge jiāoqū (shìqū) lǚyóutuán.

워 샹 찬지아 이거 찌아오취 (스취) 뤼여우투안

여행일정을 선택하세요.

请您选旅游路线。

Qǐng nín xuǎn lǚyóu lùxiàn.

칭 닌 쉬엔 뤼여우 루씨엔

어떤 종류의 일정이 있습니까?

有几条旅游路线?

Yǒu jǐ tiáo lǚyóu lùxiàn?

여우 지 티아오 뤼여우 루씨엔

전일의 일정은 어떻습니까?

全天的日程怎么安排?

Quántiān de rìchéng zěnme ānpái?

취안티엔 더 르청 전머 안파이

안내책자 한 부 주세요.

请给我一份介绍手册。

Qǐng gěi wǒ yífen jièshào shǒucè.

칭 게이 워 이펀 지에샤오 셔우처

188

어디서 등록하지요?

在哪儿报名?

Zài nǎr bàomíng?

짜이 나얼 빠오밍

여기에 돈을 내시고, 이 표를 작성하시면 되요.

在这儿交钱, 填这张表就可以了。

Zài zhèr jiāoqián, tián zhè zhāng biǎo jiù kěyǐ le.

짜이 쩔 찌아오치엔 티엔 쩌 장 비아오 찌우 커이러

내일 호텔로비에서 관광버스를 기다리세요.

明天请您到大厅等游览车。

Míngtiān qǐng nín dào dàtīng děng yóulǎnchē.

밍티엔 칭 닌 따오 따팅 덩 여우란처

1인당 얼마죠?

一个人多少钱?

Yíge rén duōshao qián?

이 거 런 뚜어샤오 치엔

나이트투어일정이 있습니까?

有晚上的旅游路线吗?

Yǒu wǎnshang de lǚyóu lùxiàn ma?

여우 완상 더 뤼여우 뤼씨엔 마

이 여행단은 어떤 곳을 갑니까?

这个旅游团都去什么地方？

Zhè ge lǚyóutuán dōu qù shénme dìfāng?

쩌 거 뤼여우투안 떠우 취 션머 띠팡

비교적 인기있는 여행 일정을 좀 소개해 주세요.

请介绍一下儿比较受欢迎的旅游路线。

Qǐng jièshào yíxiàr bǐjiào shòu huānyíng de lǚyóu lùxiàn.

칭 찌에샤오 이샬 비찌아오 셔우 환잉 더 뤼여우 루씨엔

언제 출발합(끝납)니까?

几点出发(结束)？

Jǐ diǎn chūfā (jiéshù)?

지 디엔 추파 (지에슈)

어디에서 예약합니까?

在哪儿预约？

Zài nǎr yùyuē?

짜이 나알 위위에

한국어(영어/일어) 가이드가 있나요?

有韩语(英语 / 日语)导游吗？

Yǒu Hányǔ (Yīngyǔ / Rìyǔ) dǎoyóu ma?

여우 한위 (잉위 / 르위) 다오여우 마

190

오늘 무슨 계획 있으세요?

您今天有什么计划?

Nín jīntiān yǒu shénme jìhuà?

닌 찐티엔 여우 션머 지화

전 오늘 특별한 계획이 없어요.

我今天没有特别的计划。

Wǒ jīntiān méiyǒu tèbié de jìhuà.

워 찐티엔 메이여우 터비에 더 지화

어딜 가고 싶으세요?

您想去哪儿?

Nín xiǎng qù nǎr?

닌 샹 취 나알

저는 중국그림에 흥미가 있습니다.

我对中国画儿很感兴趣。

Wǒ duì Zhōngguó huàr hěn gǎn xìngqù.

워 뚜이 중궈 화알 헌 간 씽취

이 박물관을 소개하는 소책자가 있습니까?

有介绍这个博物馆的小册子吗?

Yǒu jièshào zhè ge bówùguǎn de xiǎocèzǐ ma?

여우 찌에샤오 쩌 거 보우관 더 씨아오처즈 마

기념품 파는 곳이 있나요?

有卖纪念品的地方吗?

Yǒu mài jìniànpǐn de dìfāng ma?

여우 마이 지니엔핀 더 띠팡 마

휴게실(화장실, 매점)이 어디입니까?

休息处(厕所, 小卖部)在哪儿?

Xiūxichù (cèsuǒ, xiǎomàibù) zài nǎr?

씨우시추 (처쑤어 씨아오마이뿌) 짜이 나알

제가 당신을 모시고 명승지를 보러 갈까 합니다.

我想带您参观一些名胜古迹。

Wǒ xiǎng dài nín cānguān yìxiē míngshènggǔjì.

워 샹 따이 닌 찬관 이씨에 밍셩구지

중국에 대해 많이 아시네요.

您对中国懂得真不少。

Nín duì Zhōngguó dǒng de zhēn bùshǎo.

닌 뚜이 중궈 동 더 쩐 뿌샤오

과찬의 말씀을요.

过奖过奖。

Guòjiǎng guòjiǎng.

궈쟝 궈쟝

오늘 정말 유쾌했습니다.

我今天玩儿得真愉快。

wǒ jīntiān wánrde zhēn yúkuài.

워 찐티엔 왈더 쩐 위콰이

제가 중국에 온 후로 계속 당신께 폐를 끼치네요.

我来中国一直给您添麻烦。

Wǒ lái Zhōngguó yìzhí gěi nín tiān máfan.

워 라이 중궈 이즈 게이 닌 티엔 마판

우리 좀 쉽시다.

我们休息一下。

Wǒmen xiūxi yíxià.

워먼 씨우시 이샤

저 건축물은 무엇입니까?

那个建筑是什么?

Nà ge jiànzhù shì shénme?

나 거 찌엔쭈 스 션머

이번 관람으로 제 견문이 크게 넓어졌습니다.

这次参观可真令我开眼界了。

Zhè cì cānguān kě zhēn lìng wǒ kāi yǎnjiè le.

쩌 츠 찬관 커 쩐 링 워 카이 옌지에 러

현지 구경하기

말씀 여쭐게요. 어디에서 입장권을 삽니까?

请问, 在哪儿买门票?

Qǐng wèn, zài nǎr mǎi ménpiào?

칭 원 짜이 나알 마이 먼피아오

박물관 내에 영어 안내원이 있습니까?

博物馆内有英语讲解员吗?

Bówùguǎn nèi yǒu Yīngyǔ jiǎngjiěyuán ma?

보우관 네이 여우 잉위 지앙지에위엔 마

여기서부터 구경하기 시작합니까?

从这儿开始参观吗?

Cóng zhèr kāishǐ cānguān ma?

총 쩔 카이스 찬관 마

관내에 무료 설명서가 있으니 가져가면 됩니다.

馆里有免费说明书, 您可以拿。

Guǎnlǐ yǒu miǎnfèi shuōmíngshū, nín kěyǐ ná.

관리 여우 미엔페이 슈어밍슈 닌 커이 나

여기의 주요 전시품은 어떤 것들이 있나요?

这儿主要有什么展品?

Zhèr zhǔyào yǒu shénme zhǎnpǐn?

쩔 주야오 여우 션머 잔핀

중국 고대 역사품, 골동품, 자기, 그림 등입니다.

中国古代历史物品，古董，瓷器，画儿等。

Zhōngguó gǔdài lìshǐwùpǐn, gǔdǒng, cíqì, huàr děng.

중궈 구따이 리스우핀 구똥 츠치 활 덩

안에서 사진 찍어도 되나요?

在里面可以照相吗?

Zài lǐmiàn kěyǐ zhàoxiàng ma?

짜이 리미엔 커이 짜오샹 마

몇 시에 개관(폐관)합니까?

几点开馆(闭馆)?

Jǐ diǎn kāiguǎn (bìguǎn)?

지 디엔 카이관(삐관)

실례지만, 오늘 프로그램은 무엇입니까?

请问，今天有什么节目?

Qǐng wèn, jīntiān yǒu shénme jiémù?

칭 원 진티엔 여우 션머 지에무

오늘은 중국 서커스를 공연합니다.

今天演中国杂技。

Jīntiān yǎn Zhōngguó zájì.

진티엔 옌 중궈 짜지

경극 상연은 없나요?

不演京剧吗?

Bù yǎn jīngjù ma?

뿌 옌 징쮜 마

저는 경극(서커스)을 보고 싶습니다.

我想看京剧(杂技)。

Wǒ xiǎng kàn jīngjù(zájì).

워 샹 칸 징쮜(짜지)

어떤 좌석으로 드릴까요?

要什么座位?

Y%o shénme zuòwèi?

야오 션머 쭈어웨이

196

좌석번호대로 앉아야 합니까?

要对号入座吗?

Yào duìhào rùzuò ma?

야오 뚜이하오 루쭈어 마

앞쪽 좌석으로 주세요.

请给我前排座位。

Qǐng gěi wǒ qiánpái zuòwèi.

칭 게이 워 치엔파이 쭈어웨이

몇 시에 시작하지요?

几点开始?

Jǐ diǎn kāishǐ?

지 디엔 카이스

어디에서 경극을 볼 수 있나요?

在哪儿能看京剧?

Zài nǎr néng kàn jīngjù?

짜이 나알 넝 칸 징쥐

××극장이 어디 있습니까?

××剧场在哪儿?

jùchǎng zài nǎr?

쥐창 짜이 나알

재미있습니까?

有意思吗?

Yǒuyìsi ma?

여우이쓰 마

입장료가 얼마입니까?

票价是多少钱?

Piàojià shì duōshao qián?

피아오지아 스 뚜어샤오 치엔

예매표(당일표)를 사고 싶습니다.

我想买预售(当天)票。

Wǒ xiǎng mǎi yùshòu (dāngtiān) piào.

워 샹 마이 위셔우 (땅티엔) 피아오

198

홀수(짝수) 입구가 어디입니까?

单号(双号)入口在哪儿?

Dānhào (shuānghào) rùkǒu zài nǎr?

딴하오 (쑤앙하오) 루커우 짜이 나알

이 자리는 당신 좌석이 아닌데요.

这不是你的座位。

Zhè bú shì nǐ de zuòwèi.

쩌 부 스 니 더 쭈어웨이

199

실례지만, 이 근처에 공중화장실이 있습니까?

请问，这儿附近有没有公共厕所?

Qǐng wèn, zhèr fùjìn yǒuméiyǒu gōnggòng cèsuǒ?

칭 원 쩔 푸진 여우메이여우 꿍꿍 처쑤어

돈을 내셔야죠.

请您付钱。

Qǐng nín fùqián.

칭 닌 푸치엔

화장실도 돈을 냅니까?

洗手间也要付钱吗?

Xǐshǒujiān yě yào fùqián ma?

씨셔우지엔 예 야오 푸치엔 마

얼마에요?

多少钱?

Duōshao qián?

뚜어샤오 치엔

5마오에요. 화장지는요?

五毛。要不要卫生纸?

Wǔ máo. Yào bu yào wèishēngzhǐ?

우 마오 야오 부 야오 웨이셩즈

200

화장실 안에 없나요?

厕所里面没有吗?

Cèsuǒ lǐmiàn méiyǒu ma?

처쑤어 리미엔 메이여우 마

오른쪽이 여성용이고, 왼쪽이 남성용입니다.

右边是女厕，左边是男厕。

Yòubiān shì nǚcè, zuǒbiān shì náncè.

여우비엔 스 뉘처 쭈어비엔 스 난처

어휘

询问处 (xúnwènchù 쉰원추) 안내소

公用电话 (gōngyòng diànhuà 꿍융 띠엔화) 공중전화

실례지만, 사진 좀 찍어 주실래요?

麻烦您，请帮我照相好吗?

Máfan nín, qǐng bāng wǒ zhàoxiàng hǎo ma?

마판 닌 칭 빵 워 쟈오샹 하오 마

이 사진기 어떻게 사용해요?

这个照相机怎么用?

Zhè ge zhàoxiàngjī zěnme yòng?

저 거 쟈오샹지 쩐머 융

이 셔터만 누르시면 되요.

您按一下这个快门就行了。

Nín àn yíxià zhè ge kuàimén jiù xíng le.

닌 안 이샤 저 거 콰이먼 지우 씽 러

알겠습니다. 자 웃으세요. 하나, 둘, 셋.

明白了。请笑一下，一，二，三。

Míngbai le. Qǐng xiào yíxià, yī, èr, sān.

밍바이 러 칭 샤오 이샤 이 얼 싼

저하고 같이 한 장 찍으실래요?

您可以跟我合照一张吗?

Nín kěyǐ gēn wǒ hézhào yì zhāng ma?

닌 커이 껀 워 허쟈오 이 장 마

당신을 찍어도 됩니까?

可以照你吗?

Kěyǐ zhào nǐ ma?

커이 쟈오 니 마

어디에서 필름을 살 수 있나요?

在哪儿能买到胶卷?

Zài nǎr néng mǎidào jiāojuǎn?

짜이 나알 넝 마이따오 지야오쥐엔

컬러필름 한 통 주세요.

我要一卷彩色胶卷。

Wǒ yào yì juǎn cǎisè jiāojuǎn.

워 야오 이 쥐엔 차이써 지야오쥐엔

공공시설
이용

공중전화가 어디 있습니까?

公用电话在哪儿?

Gōngyòng diànhuà zài nǎr?

꽁융 띠엔화 짜이 나알

한국어(영어) 하는 분 없습니까?

有没有讲韩语 (英语) 的人?

Yǒuméiyǒu jiǎng Hànyǔ (Yīngyǔ) de rén?

여우메이여우 지앙 한위 (잉위) 더 런

한국 대전으로 국제전화 한 통 하려고 합니다.

我想打一个国际电话到韩国大田。

Wǒ xiǎng dǎ yí ge guójì diànhuà dào Hánguó Dàtián.

워 샹 다 이 거 궈지 띠엔화 따오 한궈 따티엔

꽁꽁서설 이용

208

수신자 부담으로 국제전화 한 통 하려고 합니다.

我想打一通对方付款的国际电话。

Wǒ xiǎng dǎ yì tōng duìfāng fùkuǎn de guójì diànhuà.

워 샹 다 이 퉁 두이팡 푸콴 더 궈지 띠엔화

공포사설이용

서울로 팩스 한 장 보내려고요.

我想发一张到汉城的传真。

Wǒ xiǎng fā yì zhāng dào Hànchéng de chuánzhēn.

워 샹 파 이 장 따오 한청 더 추안쩐

210

보내졌습니까?

发好了吗?
Fā hǎo le ma?

파 하오 러 마

달러를 인민폐로 바꾸려고 합니다.

我想把美元换成人民币。

Wǒ xiǎng bǎ měiyuán huànchéng rénmínbì.

워 샹 바 메이위엔 환청 런민삐

중국어 여행

이렇게 쓰면 됩니까?

这样写就可以吗?

Zhèyàng xiě jiù kěyǐ ma?

쩌양 씨에 지우 커이 마

여기서 VISA카드 받나요?

这儿收VISA卡吗?

zhèr shōu VISA kǎ ma?

쪌 셔우 VISA 카 마

공공시설이용

214

실례지만 어디에서 환전할 수 있나요?

请问，在哪儿可以换钱？

Qǐng wèn, zài nǎr kěyǐ huànqián?

칭 원 짜이 나알 커이 환치엔

공공시설 이용

국제우편 한 통 보내려고 합니다.

我想寄一封航空信。

Wǒ xiǎng jì yì fēng hángkōngxìn.

워 샹 지 이 펑 항쿵씬

공공시설 이용

항공우편(배편)으로 보내주세요.

请用航空 (船运) 寄。

Qǐng yòng hángkōng (chuányùn) jì.

칭 융 항콩 (추안윈) 지

217

저는 몸이 안 좋습니다.

我身体不舒服。

Wǒ shēntǐ bù shūfu.

워 션티 뿌 수푸

이 근처에 병원이 있나요?

这附近有没有医院?

Zhè fùjìn yǒuméiyǒu yīyuàn?

쩌 푸진 여우메이여우 이위엔

공공시설 이용

공중전화가 어디 있습니까?

公用电话在哪儿?

Gōngyòng diànhuà zài nǎr?

꿍융 띠엔화 짜이 나알

전화 좀 빌려 쓸 수 있나요?

能不能借电话?

Néng bu néng jiè diànhuà?

넝 뿌 넝 찌에 띠엔화

얼마를 넣어야 합니까?

要投多少钱?

Yào tóu duōshao qián?

야오 터우 뚜어샤오 치엔

북경호텔의 전화번호가 몇 번입니까?

北京饭店的电话号码是多少?

Běijīng fàndiàn de diànhuàhàomǎ shì duōshao?

베이징 판띠엔 더 띠엔화하오마 스 뚜어샤오

먼저 몇 번을 눌러야 합니까?

先拨几号?

Xiān bō jǐ hào?

씨엔 뽀 지 하오

미안합니다, 잘 안 들리는데요.

对不起，听不清楚。

Duìbuqǐ, tīng bu qīngchu.

뚜이부치 팅 부 칭추

1012호실 좀 바꿔 주세요.

请转1012房间。

Qǐng zhuǎn yāo líng yāo èr fángjiān.

칭 주안 야오 링 야오 얼 팡지엔

구내전화 123번 좀 바꿔 주세요.

请转123分机。

Qǐng zhuǎn yāo èr sān fēnjī.

칭 주안 야오 얼 싼 펀지

××씨 계십니까?

××先生(小姐)在吗?

xiānsheng (xiǎojie) zài ma?

씨엔셩 (샤오지에) 짜이 마

××씨 좀 바꿔 주세요.

请××先生(小姐)说话。

Qǐng xiānsheng (xiǎojie) shuōhuà.

칭 씨엔셩 (샤오지에) 슈어화

여보세요, ××씨입니까?

喂, 是××先生吗?

Wéi, shì xiānsheng ma?

웨이 스 씨엔셩 마

저는 ××입니다.

我是××。

Wǒ shì.

워 스

외출했는데요, 부재중입니다.

出去了, 不在。

Chūqù le, búzài.

추취 러 부짜이

언제 돌아옵니까?

什么时候回来?

Shénme shíhou huílai?

션머 스허우 후이라이

다시 전화 드리지요.

我过一会儿再打。

Wǒ guò yíhuìr zài dǎ.

워 꾸어 이후얼 짜이 다

그에게 전해주시겠어요?

能不能转告他?

Néng bu néng zhuǎngào tā?

넝 뿌 넝 주안까오 타

그에게 제게 전화 좀 달라고 해주세요.

请让他给我回个电话。

Qǐng ràng tā gěi wǒ huí ge diànhuà.

칭 랑 타 게이 워 후이 거 띠엔화

한국어(영어) 하는 분 없습니까?

有没有讲韩语(英语)的人?

Yǒuméiyǒu jiǎng Hányǔ (Yīngyǔ) de rén?

여우메이여우 지앙 한위 (잉위) 더 런

메모를 남기세요.

请留言。

Qǐng liúyán.

칭 리우옌

잠시 기다리세요.

请稍等。 / 等一会儿。

Qǐng shāo děng. / Děng yíhuìr.

칭 샤오 덩 / 덩 이후얼

223

여행 중국어

교환입니다, 안녕하세요!

总机，您好!

Zǒngjī, nín hǎo!

쫑지 닌 하오

한국 대전으로 국제전화 한 통 하려고 합니다.

我想打一个国际电话到韩国大田。

Wǒ xiǎng dǎ yí ge guójì diànhuà dào Hánguó Dàtián.

워 샹 다 이 거 궈지 띠엔화 따오 한궈 따티엔

번호는요?

号码是多少?

Hàomǎ shì duōshao?

하오마 스 뚜어샤오

82-42-733-2345

八二 四二 七三三 二三四五。

Bā èr sì èr qī sān sān èr sān sì wǔ.

빠 얼 쓰 얼 치 싼 싼 얼 싼 쓰 우

지명통화입니까, 아니면 지정번호 통화입니까?

叫人还是叫号?

Jiàorén háishì jiàohào?

지아오런 하이스 지아오하오

사람을 지정하겠어요. (누구든 괜찮습니다.)

叫人。(谁都可以。)

Jiàorén. (Shéi dōu kěyǐ.)

지아오런 (셰이 떠우 커이)

전화 받는 사람의 이름을 말씀하세요.

请说接电话人的名字。

Qǐng shuō jiēdiànhuàrén de míngzi.

칭 슈어 지에띠엔화런 더 밍쯔

손님의 객실번호와 존함을 말씀하세요.

请告诉我您的房间号码和名字。

Qǐng gàosu wǒ nín de fángjiānhàomǎ hé míngzi.

칭 까오쑤 워 닌 더 팡지엔하오마 허 밍쯔

수신자 부담으로 국제전화 한 통 하려고 합니다.

我想打一通对方付款的国际电话。

Wǒ xiǎng dǎ yì tōng duìfāng fùkuǎn de guójì diànhuà.

워 샹 다 이 통 뚜이팡 푸콴 더 궈지 띠엔화

어디에 거실 겁니까?

打到哪儿?

Dǎ dào nǎr?

다 따오 나알

한국 서울입니다.

韩国汉城。

Hánguó Hànchéng.

한궈 한청

누구에게 거십니까?

打给谁?

Dǎ gěi shéi?

다 게이 셰이

집으로 거는 겁니다.

打我家里。

Dǎ wǒ jiāli.

다 워 지아리

226

누구라도 괜찮습니까?

谁都可以吗?

Shéi dōu kěyǐ ma?

셰이 떠우 커이 마

성함과 연락할 전화번호를 알려 주세요.

请告诉我您的名字和联络电话。

Qǐng gàosu wǒ nín de míngzi hé liánluò diànhuà.

칭 까오쑤 워 닌 더 밍쯔 허 리엔루워 띠엔화

콜렉트콜로 한국에 전화하려 합니다.

我想往韩国打对方付款电话。

Wǒ xiǎng wǎng Hánguó dǎ duìfāng fùkuǎn diànhuà.

워 샹 왕 한궈 다 뚜이팡 푸콴 띠엔화

국제부 교환원 좀 부탁드립니다.

请接国际台的话务员。

Qǐng jiē guójìtái de huàwùyuán.

칭 지에 궈지타이 더 화우위엔

서울로 번호지정통화를 하려고 합니다.

我要给汉城打叫号电话。

Wǒ yào gěi Hànchéng dǎ jiàohào diànhuà.

워 야오 게이 한청 다 지아오하오 띠엔화

상대방 전화번호를 말씀해 주세요.

请说对方的电话号码。

Qǐng shuō duìfāng de diànhuà hàomǎ.

칭 슈어 뚜이팡 더 띠엔화 하오마

당신의 이름과 객실번호를 알려주세요.

请告诉我你的名字和房间号码。

Qǐng gàosu wǒ nǐ de míngzi hé fángjiān hàomǎ.

칭 까오쑤 워 니 더 밍쯔 허 팡지엔 하오마

끊지 말고 기다리세요.

别挂上电话，请等一下。

Bié guàshang diànhuà, qǐng děng yíxià.

비에 꽈상 띠엔화 칭 덩 이샤

얼마나 걸립니까?

需要多长时间?

Xūyào duōcháng shíjiān?

쉬야오 뚜어창 스지엔

잠시 후 다시 한 번 걸어주세요.

请过一会儿再打一下。

Qǐng guò yíhuir zài dǎ yíxià.

칭 꾸어 이후얼 짜이 다 이샤

연결됐습니다, 말씀하세요.

接通了，请讲话。

Jiētōng le, qǐng jiǎnghuà.

지에통 러 칭 지앙화

수신자 부담으로 하겠습니다.

请让对方付钱。

Qǐng ràng duìfāng fùqián.

칭 랑 뚜이팡 푸치엔

전화비는 제가 지불합니다.

电话费由我付。

Diànhuàfèi yóu wǒ fù.

띠엔화페이 여우 워 푸

말씀 끝나셨나요?

讲完了吗?

Jiǎng wán le ma?

지앙 완 러 마

전화비 좀 알려 주세요.

请告诉我电话费。

Qǐng gàosu wǒ diànhuàfèi.

칭 까오쑤 워 띠엔화페이

229

여기 팩스 보낼 곳이 있습니까?

请问，这儿有发传真的地方吗?

Qǐng wèn, zhèr yǒu fā chuánzhēn de dìfang ma?

칭 원 쩔 여우 파 추안쩐 더 띠팡 마

비즈니스센터로 가십시오.

请到商务中心。

Qǐng dào shāngwùzhōngxīn.

칭 따오 샹우중신

서울로 팩스 한 장 보내려고요.

我想发一张到汉城的传真。

Wǒ xiǎng fā yì zhāng dào Hànchéng de chuánzhēn.

워 샹 파 이 장 따오 한청 더 추안쩐

송신용지를 드리겠습니다.

给您传真纸。

Gěi nín chuánzhēnzhǐ.

게이 닌 추안쩐즈

송신내용과 상대방의 팩스번호를 써 주세요.

请写传真的内容和对方的传真号码。

Qǐng xiě chuánzhēn de nèiróng hé duìfāng de chuánzhēnhàomǎ.

칭 씨에 추안쩐 더 네이롱 허 뚜이팡 더 추안쩐하오마

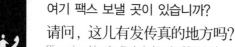

팩스 한 장 보내는데 얼마입니까?

发一张传真多少钱?

Fā yì zhāng chuánzhēn duōshao qián?

파 이 장 추안쩐 뚜어샤오 치엔

모두 얼마입니까?

一共多少钱?

Yígòng duōshao qián?

이꿍 뚜어샤오 치엔

보내졌습니까?

发好了吗?

Fā hǎo le ma?

파 하오 러 마

달러를 인민폐로 바꾸려고 합니다.

我想把美元换成人民币。

Wǒ xiǎng bǎ měiyuán huànchéng rénmínbì.

워 샹 바 메이위엔 환청 런민삐

여기에서 외화 바꿉니까?

在这儿可以兑换外币吗?

Zài zhèr kěyǐ duìhuàn wàibì ma?

짜이 쩔 커이 뚜이환 와이삐 마

이 환전표를 작성하세요.

请填这张兑换单。

Qǐng tián zhè zhāng duìhuàndān.

칭 티엔 쩌 장 뚜이환딴

먼저 신분증을 보여 주십시오.

请先给我看证件。

Qǐng xiān gěi wǒ kàn zhèngjiàn.

칭 씨엔 게이 워 칸 쩡지엔

이 환전신청서를 작성해주세요.

请您填这张外汇兑换单。

Qǐng nín tián zhè zhāng wàihuì duìhuàndān.

칭 닌 티엔 쩌 장 와이후이 뚜이환딴

이렇게 쓰면 됩니까?

这样写就可以吗?

Zhèyàng xiě jiù kěyǐ ma?

쩌양 씨에 지우 커이 마

여기 현금자동인출기가 있나요?

请问, 在这儿有自动取款机吗?

Qǐng wèn, zài zhèr yǒu zìdòng qǔkuǎnjī ma?

칭 원 짜이 쩔 여우 쯔뚱 취쿠안지 마

신용카드로 현금 서비스를 받을 수 없나요?

这银行里不能用信用卡提款吗?

Zhè yínháng li bùnéng yòng xìnyòngkǎ tíkuǎn ma?

저 인항 리 뿌넝 융 씬융카 티쿠안 마

2층의 신용카드 관리부로 찾아가세요.

请到二楼信用卡部。

Qǐng dào èr lóu xìnyòngkǎbù.

칭 따오 얼 러우 씬융카뿌

말씀 좀 물어볼게요. 여기서 VISA카드 받나요?

请问一下儿, 这儿收VISA卡吗?

Qǐng wèn yíxiàr, zhèr shōu VISA kǎ ma?

칭 원 이샬 쩔 셔우 VISA 카 마

233

당신의 신용카드와 여권을 주세요.

给我您的信用卡和护照。

Gěi wǒ nín de xìnyòngkǎ hé hùzhào.

게이 워 닌 더 씬용카 허 후쟈오

이 표를 작성하세요.

请填这张表。

Qǐng tián zhè zhāng biǎo.

칭 티엔 쩌 장 비아오

먼저 얼마가 필요하신지 쓰시고, 밑에 사인하세요.

先写需要多少钱，在下边签名。

Xiān xiě xūyào duōshao qián, zài xiàbiān qiānmíng.

씨엔 씨에 쉬야오 뚜어샤오 치엔 짜이 샤비엔 치엔밍

실례지만 어디에서 환전할 수 있나요?

请问，在哪儿可以换钱？

Qǐng wèn, zài nǎr kěyǐ huànqián?

칭 원 짜이 나알 커이 환치엔

여행자수표로 환전이 가능합니까?

可以用旅行支票换钱吗？

Kěyǐ yòng lǚxíngzhīpiào huànqián ma?

커이 용 뤼씽 즈피아오 환치엔 마

갖은자로 쓰세요.

请大写。

Qǐng dà xiě.

칭 따 씨에

영수증을 주세요.

请给我收据。

Qǐng gěi wǒ shōujù.

칭 게이 워 셔우쥐

10위안짜리로 몇 장 주세요.

请给几张十块钱的。

Qǐng gěi jǐ zhāng shí kuài qián de.

칭 게이 지 장 스 콰이치엔 더

잔돈을 좀 섞어 주세요.

请给一些零钱。

Qǐng gěi yìxiē língqián.

칭 게이 이씨에 링치엔

국제우편 한 통 보내려고 합니다.

我想寄一封航空信。

Wǒ xiǎng jì yì fēng hángkōngxìn.

워 샹 지 이 펑 항쿵씬

한국의 서울에 부칠 겁니다.

寄到韩国汉城。

Jì dào Hánguó Hànchéng.

지 따오 한궈 한청

보통우편이요, 아니면 등기로 하실건가요?

您要平信还是挂号?

Nín yào píngxìn háishì guàhào?

닌 야오 핑씬 하이스 꽈하오

먼저 편지 좀 달아보구요.

先称一下您的信。

Xiān chèng yíxià nín de xìn.

씨엔 청 이샤 닌 더 씬

6위안짜리 우표를 붙이세요.

您要贴六块的邮票。

Nín yào tiē liù kuài de yóupiào.

닌 야오 티에 리우 콰이 더 여우피아오

여기서 한국까지 얼마나 걸립니까?

从这儿到韩国需要多长时间?

Cóng zhèr dào Hánguó xūyào duōcháng shíjiān?

총 쩔 따오 한궈 쉬야오 뚜어창 스지엔

우표 한 장 주세요.

请给我一张邮票。

Qǐng gěi wǒ yì zhāng yóupiào.

칭 게이 워 이 장 여우피아오

한국으로 책 몇 권을 보내려고 합니다.

我想寄几本书到韩国。

Wǒ xiǎng jì jǐ běn shū dào Hánguó.

워 샹 지 지 번 슈 따오 한궈

먼저 좀 열어 보실래요.

请先打开一下。

Qǐng xiān dǎkāi yíxià.

칭 씨엔 다카이 이샤

부치는 물건은 꼭 검사해야 돼요. 저희 규정입니다.

寄东西一定要检查，这是我们的规定。

Jì dōngxi yídìng yào jiǎnchá, zhè shì wǒmen de guīdìng.

지 뚱시 이띵 야오 지엔차 쩌 스 워먼 더 꾸이띵

이 두 권에 대한 관련기관의 증명이 있습니까?

这两本有没有有关单位的证明?

Zhè liǎng běn yǒuméiyǒu yǒuguān dānwèi de zhèngmíng?

저 량 번 여우메이여우 여우꾸안 딴웨이 더 정밍

이 두 권은 국외로 부칠 수 없습니다.

您这两本书不能寄到国外了。

Nín zhè liǎng běn shū bùnéng jì dào guówài le.

닌 쩌 량 번 슈 뿌넝 지 따오 궈와이 러

10위안짜리 우표를 사십시오.

请您买十块的邮票。

Qǐng nín mǎi shí kuài de yóupiào.

칭 닌 마이 스 콰이 더 여우피아오

이 소포(편지)는 등기로 해 주세요.

这个包裹(信)要挂号。

Zhè ge bāoguǒ (xìn) yào guàhào.

쩌 거 빠오궈 (씬) 야오 꽈하오

우체국(우체통)이 어디에 있습니까?

邮局(信箱)在哪儿?

Yóujú (xìnxiāng) zài nǎr?

여우쥐 (씬샹) 짜이 나알

우체국은 몇 시에 엽니까(닫습니까)?

邮局几点开门(关门)?

Yóujú jǐ diǎn kāimén (guānmén)?

여우쥐 지 디엔 카이먼 (꾸안먼)

이 편지를 한국으로 보내려고 합니다.

我要把这封信寄到韩国。

Wǒ yào bǎ zhè fēng xìn jì dào Hánguó.

워 야오 바 쩌 펑 씬 지 따오 한궈

저는 소포용 포장지를 사려고 합니다.

我想买包装用的牛皮纸。

Wǒ xiǎng mǎi bāozhuāng yòng de niúpízhǐ.

워 샹 마이 빠오주앙 융 더 니우피즈

우표는 어느 창구에서 팝니까?

邮票在哪个窗口卖?

Yóupiào zài nǎ ge chuāngkǒu mài?

여우피아오 짜이 나 거 추앙커우 마이

항공우편(배편)으로 보내주세요.

请用航空(船运)寄。

Qǐng yòng hángkōng (chuányùn) jì.

칭 융 항쿵 (추안윈) 지

한국까지 항공우편료가 얼마입니까?

寄到韩国的航空邮费是多少?

Jì dào Hánguó de hángkōng yóufèi shì duōshao?

지 따오 한궈 더 항쿵 여우페이 스 뚜어샤오

빠른우편으로 해주세요.

请用快递。

Qǐng yòng kuàidì.

칭 융 콰이띠

진찰 받으려하는데, 여기서 접수합니까?

我要看病,在这儿挂号吗?

Wǒ yào kànbìng, zài zhèr guàhào ma?

워 야오 칸삥 짜이 쩔 꽈하오 마

어디가 불편합니까?

您哪儿不舒服?

Nín nǎr bù shūfu?

닌 나알 뿌 수푸

배가 아파요. 무슨 과인지 모르겠네요.

我肚子疼。不知道看什么科?

Wǒ dùzi téng. Bù zhīdào kàn shénme kē?

워 뚜즈 텅 부 즈따오 칸 션머 커

내국인입니까, 외국인입니까?

您是内宾还是外宾?

Nín shì nèibīn háishì wàibīn?

닌 스 네이삔 하이스 와이삔

지금 진찰받을 수 있나요?

现在可以看病吗?

Xiànzài kěyǐ kànbìng ma?

씨엔짜이 커이 칸삥 마

242

접수증 주세요. 들어와 앉으세요.

请给我挂号证。请进来坐吧。

Qǐng gěi wǒ guàhàozhèng. Qǐng jìnlái zuò ba.

칭 게이 워 꽈하오쩡 칭 찐라이 쭈어 바

의사 선생님, 감사합니다.

谢谢, 大夫。

Xièxie, dàifu.

씨에씨에 따이푸

저는 몸이 안 좋습니다.

我身体不舒服。

Wǒ shēntǐ bù shūfu.

워 션티 뿌 수푸

저는 병이 났어요.

我病了。

Wǒ bìng le.

워 삥 러

의사 좀 불러주세요.

请叫一下医生。

Qǐng jiào yíxià yīshēng.

칭 지아오 이샤 이성

243

이 근처에 병원이 있나요?

这附近有没有医院?

Zhè fùjìn yǒuméiyǒu yīyuàn?

쩌 푸진 여우메이여우 이위엔

저를 병원으로 데려다 주세요.

请带我到医院去。

Qǐng dài wǒ dào yīyuàn qù.

칭 따이 워 따오 이위엔 취

한국어를 하는 의사가 있습니까?

有没有讲韩语的医生?

Yǒuméiyǒu jiǎng Hányǔ de yīshēng?

여우메이여우 지앙 한위 더 이셩

다음번 진료예약을 좀 해주세요.

请预约下一次的诊疗。

Qǐng yùyuē xiàyícì de zhěnliáo.

칭 위위에 샤이츠 더 전리야오

여기가 좀 아파요.

这儿有点儿疼。

Zhèr yǒu diǎnr téng.

쩔 여우 디얼 텅

저는 과민성 체질입니다.

我是过敏性体质。

Wǒ shì guòmǐnxìng tǐzhì.

워 스 꾸어민씽 티즈

계속 여행해도 됩니까?

可以继续旅行吗?

Kěyǐ jìxù lǚxíng ma?

커이 지쉬 뤼씽 마

저는 설사를 합니다.

我拉肚子(泻肚)。

Wǒ lādùzi (xièdù).

워 라뚜즈 (씨에뚜)

감기 든 것 같아요.

好像感冒了。

Hǎoxiàng gǎnmào le.

하오샹 간마오 러

호흡이 좀 곤란합니다.

呼吸有点儿困难。

Hūxī yǒudiǎnr kùnnan.

후씨 여우디얼 쿤난

좀 좋아졌어요. / 아직도 안 좋아요.

稍好一点儿了。/ 还是不好。

Shāohǎo yìdiǎnr le. / Háishì bù hǎo.

샤오 하오 이디얼 러 / 하이스 뿌 하오

진단서 좀 떼어주세요.

请给我开诊断书。

Qǐng gěi wǒ kāi zhěnduànshū.

칭 게이 워 카이 전뚜안슈

이곳에 사인을 하세요.

请在这儿签名。

Qǐng zài zhèr qiānmíng.

칭 짜이 쩔 치엔밍

움직이지 마세요.

不要动。

Búyào dòng.

부야오 뚱

아플 땐 어떤 느낌이 드나요?

疼的时候是什么样的感觉?

Téng de shíhou shì shénmeyàng de gǎnjué?

텅 더 스허우 스 션머양 더 간쥐에

246

이런 느낌이 얼마나 오래되었나요?

这种感觉持续了多久?

Zhè zhǒng gǎnjué chíxù le duōjiǔ?

저 종 간쥐에 츠쉬 러 뚜어지우

혈압(체온)을 재세요.

量血压(体温)吧。

Liáng xuèyā (tǐwēn) ba.

량 쉬에야 (티원) 바

소매 좀 걷어 올리세요.

挽一下袖子。

Wǎn yíxià xiùzi.

완 이샤 씨우쯔

상의를 벗으세요.

请把上衣脱一下。

Qǐng bǎ shàngyī tuō yíxià.

칭 바 상이 투어 이샤

누우세요.

请躺一下。

Qǐng tǎng yíxià.

칭 탕 이샤

입을 여세요.

请张开嘴。

Qǐng zhāngkāi zuǐ.

칭 장카이 쭈이

숨을 깊이 들이쉬세요.

请深吸一口气。

Qǐng shēnxī yì kǒu qì.

칭 션씨 이 커우 치

지금 혈액(소변)검사를 합니다.

现在验血(尿)。

Xiànzài yànxuè (niào).

씨엔짜이 옌쉬에 (니아오)

X레이를 찍으세요.

拍摄X光片。

Pāishè X guāngpiàn.

파이셔 엑스 꾸앙피엔

당신은 소화불량입니다.

你是消化不良。

Nǐ shì xiāohuà bùliáng.

니 스 시아오화 뿌량

세균 감염입니다.

感染细菌了。

Gǎnrǎn xìjūn le.

간란 씨쥔 러

지금 주사를 맞아야 합니다.

现在要打针。

Xiànzài yào dǎzhēn.

씨엔짜이 야오 다쩐

이틀 정도 쉬어야 합니다.

需要静养两天。

Xūyào jìngyǎng liǎng tiān.

쉬야오 찡양 량 티엔

수술을 해야 합니다.

需要开刀。

Xūyào kāidāo.

쉬야오 카이따오

바로 입원하세요.

请马上住院。

Qǐng mǎshàng zhùyuàn.

칭 마샹 쭈위엔

담배와 술은 하지 마세요.

请不要抽烟喝酒。

Qǐng búyào chōuyān hējiǔ.

칭 부야오 처우옌 허지우

자극적인 음식을 먹지 마세요.

请不要吃有刺激性的食物。

Qǐng búyào chī yǒu cìjīxìng de shíwù.

칭 부야오 츠 여우 츠지씽 더 스우

내일 다시 오세요.

明天请再来。

Míngtiān qǐng zài lái.

밍티엔 칭 짜이 라이

역시 한국으로 돌아가는 게 좋겠어요.

还是回韩国好。

Háishì huí Hánguó hǎo.

하이스 후이 한궈 하오

여행트러블

제 짐을 찾지 못했는데, 어떻게 해야 합니까?

我找不到我的行李了，怎么办？

Wǒ zhǎobudào wǒ de xíngli le, zěnme bàn?

워 쟈오부따오 워 더 씽리 러 쩐머 빤

여행트러블

여권을 잃어버렸는데, 어떻게 해야 합니까?

我丢了护照，该怎么办?

Wǒ diū le hùzhào, gāi zěnme bàn?

워 띠우 러 후자오 까이 전머 빤

제 지갑을 여권과 함께 도난 당했습니다.

我的钱夹连同护照被偷了。

Wǒ de qiánjiā liántóng hùzhào bèi tōu le.

워 더 치엔지아 리엔통 후자오 뻬이 터우 러

여행트러블

254

저를 공안국에 데려다 주세요.

请带我到公安局。

Qǐng dài wǒ dào gōngmǐ ānjú.

칭 다이 워 따오 꽁안쮜

여행트러블

255

신용카드의 사용을 중단시켜 주세요.

请吊销这个信用卡。

Qǐng diàoxiāo zhè ge xìnyòngkǎ.

칭 띠아오씨아오 쪄 거 씬용카

저 좀 도와 찾아 주세요.

请帮我找一找。

Qǐng bāng wǒ zhǎo yì zhǎo.

칭 빵 워 자오 이 자오

여행트러블

사람 살려요!

救命啊!

Jiùmìng a!

지우밍 아

여행트러블

빨리 구급차를 불러주세요.

请赶快叫救护车。

Qǐng gǎnkuài jiào jiùhùchē.

칭 간콰이 지아오 지우후처

여행트러블

제 짐을 찾지 못했는데, 어떻게 해야 합니까?

我找不到我的行李了，怎么办?

Wǒ zhǎobudào wǒ de xíngli le, zěnme bàn?

워 쟈오부따오 워 더 씽리 러 쩐머 빤

분실물 처리소로 가서 물어보세요.

请您到行李招领处问问吧。

Qǐng nín dào xíngli zhāolǐngchù wènwen ba.

칭 닌 따오 씽리 쟈오링추 원원 바

제 짐 트렁크를 찾지 못했습니다.

我找不到我的行李箱了。

Wǒ zhǎobudào wǒ de xíngli xiāng le.

워 쟈오부따오 워 더 씽리 샹 러

어느 편을 타셨지요?

您搭乘的是哪一班的飞机?

Nín dāchéng de shì nǎ yì bān de fēijī?

닌 따청 더 스 나 이 빤 더 페이지

막 도착한 중국민항 123편입니다.

刚到的中国民航123班次。

Gāngdào de Zhōngguó mínháng yāo èr sān bāncì.

깡따오 더 중궈 민항 야오 얼 싼 빤츠

짐을 찾은 후에 어떻게 당신과 연락해야 합니까?

我们找到行李以后，怎么和你联系呢？

Wǒmen zhǎodào xíngli yǐhòu, zěnme hé nǐ liánxì ne?

워먼 쟈오따오 씽리 이허우 쩐머 허 니 리엔씨 너

제가 일주일 머무르니,

我在停留一个星期，

Wǒ zài tíngliú yí ge xīngqī,

워 짜이 팅리우 이 거 씽치

이 호텔로 연락주시면 됩니다.

所以请您联络这个饭店就行。

suǒyǐ qǐng nín liánluò zhè ge fàndiàn jiù xíng.

쑤어이 칭 닌 리엔루어 쩌 거 판띠엔 지우 씽

여권을 잃어버렸는데, 어떻게 해야 합니까?

我丢了护照，该怎么办?

Wǒ diū le hùzhào, gāi zěnme bàn?

워 띠우 러 후쟈오 까이 전머 빤

먼저 공안국 외사과에 가서 신고하세요.

请您先到公安局外事科报案吧。

Qǐng nín xiān dào gōng'ānjú wàishìkē bào'àn ba.

칭 닌 씨엔 따오 꽁안쥐 와이스커 빠오안 바

이 분실증명서를 작성하세요.

请您写这张遗失证明书。

Qǐng nín xiě zhè zhāng yíshī zhèngmíngshū.

칭 닌 씨에 쩌 장 이스 쩡밍슈

이 증명서를 가지고 한국영사관에 가서

现在您拿这个证明书，

Xiànzài nín ná zhè ge zhèngmíngshū,

씨엔짜이 닌 나 쩌 거 쩡밍슈

재발급 받으시면 됩니다.

到韩国领事馆去再办就行。

dào Hánguó lǐngshìguǎn qù zài bàn jiù xíng.

따오 한궈 링스관 취 짜이 빤 지우 씽

여권이 되돌아올 가능성은 없습니까?

护照有没有被找回来的可能性?

Hùzhào yǒuméiyǒu bèi zhǎohuílai de kěnéngxìng?

후쟈오 여우메이여우 뻬이 쟈오후이라이 더 커넝씽

찾게 되면 당신께 알려드리지요.

找到了就通知您。

Zhǎodào le jiù tōngzhī nín.

쟈오따오 러 지우 통즈 닌

부탁드리겠습니다.

那就拜托您了。

Nà jiù bàituō nín le.

나 지우 빠이투어 닌 러

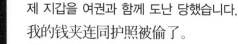

제 지갑을 여권과 함께 도난 당했습니다.

我的钱夹连同护照被偷了。

Wǒ de qiánjiā liántóng hùzhào bèi tōu le.

워 더 치엔지아 리엔통 후쟈오 뻬이 터우 러

먼저 공안국에 가서 신고하세요.

请您先到公安局报案吧。

Qǐng nín xiān dào gōng'ānjú bào'àn ba.

칭 닌 씨엔 따오 꽁안쮜 빠오안 바

저를 공안국에 데려다 주세요.

请带我到公安局。

Qǐng dài wǒ dào gōng'ānjú.

칭 다이 워 따오 꽁안쮜

경찰(공안국)에 전화해주세요.

请给警察(公安局)打电话。

Qǐng gěi jǐngchá (gōng'ānjú) dǎ diànhuà.

칭 게이 징차 (꽁안쮜) 다 띠엔화

한국대사관에 전화해주세요.

请给韩国大使馆打电话。

Qǐng gěi Hánguó dàshǐguǎn dǎ diànhuà.

칭 게이 한궈 따스관 다 띠엔화

저는 한국 대사관(영사관)에 가야만 합니다.

我得到韩国大使馆(领事馆)。

Wǒ děi dào Hánguó dàshǐguǎn (lǐngshìguǎn).

워 데이 따오 한궈 따스관 (링스관)

제 손가방을 택시에 놓고 내렸어요.

我把手提包忘在出租汽车里了。

Wǒ bǎ shǒutíbāo wàng zài chūzūqìchē li le.

워 바 셔우티빠오 왕 짜이 추주치처 리 러

제가 방에 없을 때 반지가 없어졌어요.

我不在房间的时候戒指不见了。

Wǒ bú zài fángjiān de shíhou jièzhǐ bújiàn le.

워 부 짜이 팡지엔 더 스허우 지에즈 부지엔 러

여행트러블

저에게 장소와 시간을 알려주세요.

请告诉我地点和时间。

Qǐng gàosu wǒ dìdiǎn hé shíjiān.

칭 까오쑤 워 띠디엔 허 스지엔

안에 무엇이 있나요?

里面有些什么?

Lǐmiàn yǒu xiē shénme?

리미엔 여우 씨에 션머

현금 약간하고 여행자수표요.

一些现金和旅行支票。

Yìxiē xiànjīn hé lǚxíng zhīpiào.

이씨에 씨엔진 허 뤼싱 즈피아오

여행자수표의 복사본을 갖고 계신가요?

您有旅行支票的副本吗?

Nín yǒu lǚxíng zhīpiào de fùběn ma?

닌 여우 뤼싱 즈피아오 더 푸번 마

이것이 바로 구매자 복사본이에요.

这就是购买者副本。

Zhè jiùshì gòumǎizhě fùběn.

쩌 지우스 꺼우마이저 푸번

은행에 가셔서 재발급 받으세요.

请您到银行重新申办一次。

Qǐng nín dào yínháng chóngxīn shēnbàn yícì.

칭 닌 따오 인항 총신 션빤 이츠

신용카드의 사용을 중단시켜 주세요.

请吊销这个信用卡。

Qǐng diàoxiāo zhè ge xìnyòngkǎ.

칭 띠아오씨야오 쩌 거 씬융카

여기에서 가장 가까운 공안국은 어디입니까?

离这儿最近的公安局在哪儿?

Lí zhèr zuìjìn de gōng' ānjú zài nǎr?

리 쩔 쭈이진 더 꿍안쮜 짜이 나알

분실물 수령처가 어디입니까?

失物招领处在哪儿?

Shīwù zhāolǐngchù zài nǎr?

스우 쟈오링추 짜이 나알

저 좀 도와 찾아 주세요.

请帮我找一找。

Qǐng bāng wǒ zhǎo yì zhǎo.

칭 빵 워 쟈오 이 쟈오

한국대사관이 어디입니까?

韩国大使馆在哪儿?

Hánguó dàshǐguǎn zài nǎr?

한궈 따스관 짜이 나알

한국말을 할 수 있는 분을 좀 찾아주세요.

请找一个会讲韩文的工作人员。

Qǐng zhǎo yí ge huì jiǎng Hánwén de gōngzuòrényuán.

칭 쟈오 이 거 후이 지앙 한원 더 꽁쭈어런위엔

여행자수표를 잃어버렸어요.

我丢了旅行支票。

Wǒ diū le lǚxíng zhīpiào.

워 띠우 러 뤼싱 즈피아오

268

아직 사인을 하지 않았어요.

我还没有签名(签字)。

Wǒ hái méiyǒu qiānmíng (qiānzì).

워 하이 메이여우 치엔밍 (치엔쯔)

저에게 사고증명서를 떼어 주세요.

请给我开一张事故证明书。

Qǐng gěi wǒ kāi yì zhāng shìgù zhènmíngshū.

칭 게이 워 카이 이 장 스꾸 쩡밍슈

신용카드 번호는 123-45-6789입니다.

信用卡的号码是123-45-6789。

Xìnyòngkǎ de hàomǎ shì yāo èr sānsì wǔèliù qī bā jiǔ.

씬용카더 하오마 스 야오얼싼 쓰우 리우치빠지우

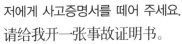

사람 살려요!

救命啊!

Jiùmìng a!

지우밍 아

나가요! 멈춰요!

出去! 住手!

Chūqù! Zhùshǒu!

추취 쭈셔우

도둑이다! 잡아라!

小偷儿! 抓住他!

Xiǎotōur! Zhuāzhù tā!

샤오터얼 쭈아쭈 타

교통사고가 발생했어요.

发生了交通事故。

Fāshēng le jiāotōng shìgù.

파성 러 지아오통 스꾸

빨리 구급차를 불러주세요.

请赶快叫救护车。

Qǐng gǎnkuài jiào jiùhùchē.

칭 간콰이 지아오 지우후처

270

차에 치였어요.

被车撞了。

Bèi chē zhuàng le.

뻬이 처 쭈앙 러

불편해요, 여기가 아파요!

不舒服。这儿疼!

Bù shūfu. Zhèr téng!

뿌 수푸 쩔 텅

언제쯤 괜찮아질까요?

什么时候能好?

Shénme shíhou néng hǎo?

션머 스허우 넝 하오

중국과의
비즈니스

왕사장님과 10시에 만나기로 약속했는데요.

我和王经理约好十点见面。

Wǒ hé Wáng jīnglǐ yuēhǎo shí diǎn jiànmiàn.

워 허 왕 찡리 위에하오 스 디엔 찌엔미엔

중국어의 비즈니스

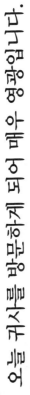

오늘 귀사를 방문하게 되어 매우 영광입니다.

今天能拜访到贵公司很荣幸。

Jīntiān néng bàifǎng dào guì gōngsī hěn róngxìng.

찐티엔 넝 빠이팡 따오 꾸이 꽁쓰 헌 룽씽

오늘 귀사를 견학할 기회를 주셔서 감사합니다.

今天真感谢您给我参观贵公司的机会。

Jīntiān zhēn gǎnxiè nín gěi wǒ cānguān guì gōngsī de jīhuì.

찐티엔 쩐 깐씨에 닌 게이 워 찬꽌 꾸이 꽁쓰 더 지후이

중국과의
비즈니스

3

저희들은 귀사와의 거래가 성사되길 희망합니다.

我们希望能跟贵公司达成大笔交易。

Wǒmen xīwàng néng gēn guì gōngsī dáchéng dàbǐ jiāoyì.

워먼 씨왕 넝 껀 꾸이 꽁쓰 다청 따비 쨔오이

앞으로도 더욱 좋은 협조를 희망합니다.

希望今后能更好地合作。

Xīwàng jīnhòu néng gèng hǎode hézuò.

씨왕 찐허우 넝 껑 하오더 허쭈어

중국과의 비즈니스

우리들의 우정을 위해 건배!

为我们的友谊干杯!

Wèi wǒmen de yǒuyì gānbēi!

웨이 워먼더 여우이 깐뻬이

중국과의
비즈니스

누구를 찾으십니까?

您找哪一位?

Nín zhǎo nǎ yí wèi?

닌 쟈오 나 이 웨이

왕사장님과 10시에 만나기로 약속했는데요.

我和王经理约好十点见面。

Wǒ hé Wáng jīnglǐ yuēhǎo shí diǎn jiànmiàn.

워 허 왕 찡리 위에하오 스 디엔 찌엔미엔

저는 서울식품회사의 김대한입니다.

我是汉城食品公司的金大韩。

Wǒ shì Hànchéng shípǐn gōngsī de Jīn Dàhán.

워 스 한청 스핀 꽁쓰 더 찐 따한

이것은 제 명함입니다.

这是我的名片。

Zhè shì wǒ de míngpiàn.

쩌 스 워더 밍피엔

말씀 많이 들었어요!

久仰大名!

Jiǔyǎng dàmíng!

지우양 따밍

오늘 귀사를 방문하게 되어 매우 영광입니다.

今天能拜访到贵公司很荣幸。

Jīntiān néng bàifǎng dào guì gōngsī hěn róngxìng.

찐티엔 넝 빠이팡 따오 꾸이 꽁쓰 헌 롱씽

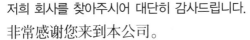

저희 회사를 찾아주시어 대단히 감사드립니다.

非常感谢您来到本公司。

Fēicháng gǎnxiè nín lái dào běn gōngsī.

페이창 간씨에 닌 라이 따오 번 꽁쓰

먼저 차 한 잔하고,구체적으로 얘기합시다.

我们先喝茶，然后具体的谈谈吧。

Wǒmen xiān hē chá, ránhòu jùtǐ de tántan ba.

워먼 씨엔 허 차 란허우 쥐티 더 탄탄 바

이곳은 저희 ××회사의 생산공장입니다.

这是我们××公司的生产工厂。

Zhè shì wǒmen gōngsī de shēngchǎn gōngchǎng.

쩌 스 워먼 꽁쓰 더 성챤 꽁챵

천천히 구경하시지요.

请慢慢儿参观吧。

Qǐng mànmānr cānguān ba.

칭 만말 챤관 바

규모가 참 크군요. 종업원이 총 몇 명입니까?

规模真大，生产人员总共多少?

Guīmó zhēn dà, shēngchǎnrényuán zǒnggòng duōshao?

꾸이모 쩐 따 성챤런위엔 종꽁 뚜어샤오

기술연구자를 포함하여, 약 1백여 명입니다.

包括研究技术人员，差不多一百多人。

Bāokuò yánjiū jìshùrényuán, chàbuduō yì bǎi duōrén.

빠오쿠어 옌지우 찌슈런위엔 챠뿌뚜어 이 바이 뚜어 런

여기에선 원료만을 가공합니까?

您在这儿只加工原料吗?

Nín zài zhèr zhǐ jiāgōng yuánliào ma?

닌 짜이 쩔 즈 지아꽁 위엔리아오 마

이런 상품들은 국내에만 판매합니까?

这些产品只在国内销售吗?

Zhè xiē chǎnpǐn zhǐ zài guónèi xiāoshòu ma?

쩌씨에 챤핀 즈 짜이 궈내이 샤오셔우 마

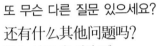

또 무슨 다른 질문 있으세요?

还有什么其他问题吗?

Háiyǒu shénme qítā wèntí ma?

하이 여우 션머 치타 원티 마

오늘 귀사를 견학할 기회를 주셔서 감사합니다.

今天真感谢您给我参观贵公司的机会。

Jīntiān zhēn gǎnxiè nín gěi wǒ cānguān guì gōngsī de jīhuì.

찐티엔 쩐 간씨에 닌 게이 워 찬관 꾸이 꽁쓰 더 지후이 어느 상품에 흥미가 있으신지 말씀하시지요?

请您谈谈您对哪些产品感兴趣?

Qǐng nín tántan nín duì nǎxiē chǎnpǐn gǎn xìngqù?

칭 닌 탄탄 닌 뚜이 나씨에 챤핀 간 씽취

귀사의 ××에 대해 흥미가 있습니다.

我们对贵公司的××很有兴趣。

Wǒmen duì guì gōngsī de hěn yǒu xìngqù.

워먼 뚜이 꾸이 꽁쓰 더 헌 여우 씽취

먼저 저희 상품의 샘플을 보세요.

请先看我们产品的样本。

Qǐng xiān kàn wǒmen chǎnpǐn de yàngběn.

칭 씨엔 칸 워먼 챤핀 더 양번

이 몇 종류의 F.O.B가격은 어떻습니까?

这几种的F.O.B价怎么样?

Zhè jǐ zhǒng de F. O. B jià zěnmeyàng?

쩌 지 종 더 F.O.B 찌아 쩐머양

최대한 다시 가격을 조정하겠습니다. 어떠세요?

我们尽量再调整价格，怎么样?

Wǒmen jǐnliàng zài tiáozhěng jiàgé, zěnmeyàng?

워먼 찐량 짜이 티아오정 찌아거 쩐머양

284

귀사의 공급능력도 좀 알고 싶어요.

我想了解一下，贵公司的供货能力。

Wǒ xiǎng liǎojiě yíxià, guì gōngsī de gōnghuò nénglì.

워 샹 랴오지에 이샤 꾸이 꽁쓰 더 꽁후워 넝리

회사에 돌아가 상의한 후 회답해 드리겠습니다.

我回去跟公司再商量以后，给您答复。

Wǒ huíqù gēn gōngsī zài shāngliáng yǐhòu, gěi nín dáfù.

워 후이취 껀 꽁쓰 짜이 상량 이허우 게이 닌 다푸

저희들은 귀사와의 거래가 성사되길 희망합니다.

我们希望能跟贵公司达成大笔交易。

Wǒmen xīwàng néng gēn guì gōngsī dáchéng dàbǐ jiāoyì.

워먼 씨왕 넝 껀 꾸이 꽁쓰 다청 따비 쨔오이

저희 계약서인데, 한 번 자세히 보시죠.

这是我们做的合同书，请再仔细看一下。

Zhè shì wǒmen zuòde hétóngshū qǐng zài zǐxì kàn yíxià.

쩌 스 워먼 쭈어더 허통슈 칭 짜이 쯔씨 칸 이샤

뭐 또 다른 의견이 있습니까?

您还有什么意见？

Nín háiyǒu shénme yìjiàn?

닌 하이여우 션머 이찌엔

여기에 사인하시죠.

请您在这儿签字。

Qǐng nín zài zhèr qiānyì.

칭 닌 짜이 쩔 치엔쯔

우리들의 원만한 교역 달성을 축하합니다.

祝贺我们圆满达成交易。

Zhùhè wǒmen yuánmǎn dáchéng jiāoyì.

쭈허 워먼 위엔만 다청 찌아오이

앞으로도 더욱 좋은 협조를 희망합니다.

希望今后能更好地合作。

Xīwàng jīnhòu néng gèng hǎode hézuò.

씨왕 찐허우 넝 껑 하오더 허쭈어

접대에 응했을 때

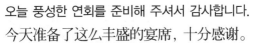

사업 상담하러 중국에 오신 것을 환영합니다.

欢迎您这次来到中国洽谈生意。

Huānyíng nín zhè cì láidào Zhōngguó qiàtán shēngyì.

환잉 닌 쩌츠 라이따오 중궈 치아탄 셩이

오늘 풍성한 연회를 준비해 주셔서 감사합니다.

今天准备了这么丰盛的宴席，十分感谢。

Jīntiān zhǔnbèi le zhème fēngshèngde yànxí, shífēn gǎnxiè.

찐티엔 준뻬이 러 쩌머 펑셩더 옌씨 스펀 간씨에

자, 제가 한 잔 드리겠습니다.

来，我敬您一杯吧!

Lái, wǒ jìng nín yì bēi ba!

라이 워 찡 닌 이 뻬이 바

사업이 잘 되고, 번창하길 빌면서!

祝您生意兴隆，买卖越做越好!

Zhù nín shēngyi xīnglóng, mǎimài yuè zuò yuè hǎo!

쭈 닌 셩이 씽롱 마이마이 위에 쭈어 위에 하오

우리들의 우정을 위해 건배!

为我们的友谊干杯!

Wèi wǒmen de yǒuyì gānbēi!

웨이 워먼더 여우이 깐뻬이

귀국

비행기표 한 장 예약하려 합니다.

我想订一张机票。
Wǒ xiǎng dìng yì zhāng jīpiào.

워 샹 띵 이 장 지피아오

예약을 좀 변경하려 합니다.

我要改变一下预订。

Wǒ yào gǎibiàn yíxià yùdìng.

위 야오 가이비앤 이시아 위띵

예약을 취소하려 합니다.

我要取消预订。

Wǒ yào qǔxiāo yùdìng.

워 야오 취씨아오 위띵

빠를수록 좋아요.

越早越好。
Yuè zǎo yuè hǎo.

위에 자오 위에 하오

4

아가씨, 공항이용권 한 장 주세요.

小姐，来一张机场建设费。
Xiǎojie, lái yì zhāng jīchǎng jiànshèfèi.

씨아오지에 라이 이 장 지챵 찌엔셔페이

우리 한국에서 다시 볼 수 있기를 바랍니다.

希望我们能在韩国再会。

Xīwàng wǒmen néng zài Hánguó zàihuì.

씨왕 워먼 넝 짜이 한궈 짜이후이

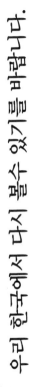

비행기표 한 장 예약하려 합니다.

我想订一张机票。

Wǒ xiǎng dìng yì zhāng jīpiào.

워 샹 띵 이 장 지피아오

어디에서 예약하신 겁니까?

在哪儿订的?

Zài nǎr dìng de?

짜이 나알 띵 더

한국에서 예약했습니다.

在韩国订的。

Zài Hánguó dìngde.

짜이 한궈 띵 더

북경에서 서울가는 비행기표 한 장 예약하려 합니다.

我想订一张从北京到汉城的机票。

Wǒ xiǎng dìng yì zhāng cóng Běijīng dào Hànchéng de jīpiào.

워 샹 띵 이 장 총 베이징 따오 한청 더 지피아오

손님 성함과 예약번호를 말씀해주세요.

请告诉我您的名字跟预订号码。

Qǐng gàosu wǒ nín de míngzi gēn yùdìng hàomǎ.

칭 까오쑤 워 닌 더 밍쯔 껀 위띵 하오마

한국 부산으로 가는 비행기편이 있나요?

有没有到韩国釜山的班机。

Yǒuméiyǒu dào Hánguó Fǔshān de bānjī.

여우메이여우 따오 한궈 푸산 더 빤지

이코노미클래스(비즈니스클래스)로 예약해 주세요.

请给我订普通舱(公务舱)。

Qǐng gěi wǒ dìng pǔtōngcāng (gōngwùcāng).

칭 게이 워 띵 푸통창 (꽁우창)

빈 좌석이 있는 가장 이른 비행기를 예약하고 싶어요.

我想预订有空座位的最早的班机。

Wǒ xiǎng yùdìng yǒu kòng zuòwèi de zuìzǎo de bānjī.

워 샹 위띵 여우 콩 쭈어웨이 더 쭈이자오 더 빤지

제 좌석을 재확인하려 합니다.

我想确认一下我的座位。

Wǒ xiǎng quèrèn yíxià wǒ de zuòwèi.

워 샹 취에런 이시아 워 더 쭈어웨이

예약을 좀 변경하려 합니다.

我要改变一下预订。

Wǒ yào gǎibiàn yíxià yùdìng.

워 야오 가이비엔 이시아 위띵

저를 5일 비행기편 후보명단에 넣어주시겠어요?

请您把我登记在五号班次的候补名单上, 好吗?

Qǐng nín bǎ wǒ dēngjì zài wǔhào bāncìde hòubǔmíngdānshang, hǎoma?

칭 닌 바 워 떵지 짜이 우하오 빤츠더 허우부밍딴쌍 하오마

예약을 최소하려 합니다.

我要取消预订。

Wǒ yào qǔxiāo yùdìng.

워 야오 취씨아오 위띵

예약번호를 알려 주세요.

请告诉我预订号码。

Qǐng gàosu wǒ yùdìng hàomǎ.

칭 까오쑤 워 위띵 하오마

빠를수록 좋아요.

越早越好。

Yuè zǎo yuè hǎo.

위에 자오 위에 하오

말씀 여쭐게요. 공항이용권을 어디서 삽니까?

请问, 在哪儿买机场建设费?

Qǐng wèn, zài nǎr mǎi jīchǎng jiànshèfèi?

칭 원 짜이 나알 마이 지창 찌엔셔페이

아가씨, 공항이용권 한 장 주세요.

小姐, 来一张机场建设费。

Xiǎojie, lái yì zhāng jīchǎng jiànshèfèi.

씨아오지에 라이 이 장 지창 찌엔셔페이

서울 가는 중국민항, 어디에서 수속을 합니까?

到汉城的中国民航, 在哪儿办手续?

Dào Hànchéng de Zhōngguó mínháng, zài nǎr bàn shǒuxù?

따오 한청 더 중궈 민항 짜이 나알 빤 셔우쉬

손님의 비행기표와 여권을 주세요. 짐 있으십니까?

请给我您的机票和护照。您有没有行李?

Qǐng gěi wǒ nínde jīpiào hé hùzhào. Nín yǒuméiyǒu xíngli?

칭 게이 워 닌더 지피아오 허 후쟈오 닌 여우메이여우 씽리

이것이 손님의 보딩패스입니다.

这是你的登机牌。

Zhè shì nǐ de dēngjīpái.

쩌 스 니 더 떵지파이

돌아가시면 가족들에게 안부 전해 주세요.

回去请向你全家问好。

Huíqù qǐng xiàng nǐ quánjiā wènhǎo.

후이취 칭 샹 니 취엔지아 원하오

감사합니다. 꼭 전하겠습니다.

谢谢，我一定转告他们。

Xièxie, wǒ yídìng zhuǎngào tāmen.

씨에씨에 워 이띵 주안까오 타먼

이번에 당신께 폐를 많이 끼쳤습니다.

这次给您添了不少麻烦。

Zhè cì gěi nín tiān le bùshǎo máfan.

쩌 츠 게이 닌 티엔 러 뿌샤오 마판

영원히 당신의 호의를 잊지 못할 거예요.

我永远忘不了您的好意。

Wǒ yǒngyuǎn wàngbuliǎo nín de hǎoyì.

워 용위엔 왕뿌리아오 닌 더 하오이

정말로 중국을 떠나기가 아쉽네요.

我真的舍不得离开中国。

Wǒ zhēnde shěbudé líkāi Zhōngguó.

워 쩐더 셔뿌더 리카이 중궈

우리 한국에서 다시 볼수 있기를 바랍니다.

希望我们能在韩国再会。

Xīwàng wǒmen néng zài Hánguó zàihuì.

씨왕 워먼 넝 짜이 한궈 짜이후이

우리 항상 연락하며 지냅시다.

我们经常保持联系吧。

Wǒmen jīngcháng bǎochí liánxì ba.

워먼 찡창 바오츠 리엔씨 바

편안히 돌아가세요.

祝您一路平安!

Zhù nín yí lù píng ān!

쭈 닌 이 루 핑안

모르는 단어
찾아보기

머리는 단어 찾아보기

가게	小卖部 (xiǎomàibù)	샤오마이뿌
가격	价钱 (jiàqián)	지아치엔
가공	加工 (jiāgōng)	지아꽁
가깝다	近 (jìn)	찐
가끔	偶尔 (ǒu'ěr)	어우얼
가난하다	穷 (qióng)	치웅
가능하다	可能 (kěnéng)	커넝
가로	横 (héng)	헝
가르치다	教 (jiāo)	찌아오
가방	包 (bāo)	빠오
가볍다	轻 (qīng)	칭
가수	歌手 (gēshǒu)	꺼셔우
가스	煤气 (méiqì)	메이치
가슴	胸 (xiōng)	슝
가엾다	可怜 (kělián)	커리엔
가옥	房子 (fángzi)	팡즈
가운데	中间 (zhōngjiān)	중지엔
가위	剪刀 (jiǎndāo)	지엔따오
가을	秋天 (qiūtiān)	치우티엔
가이드	导游 (dǎoyóu)	다오여우
가장	最 (zuì)	쭈이
가정	家庭 (jiātíng)	지아팅
가족	家人 (jiārén)	지아런

가죽	皮 (pí)	피
가지	茄子 (qiézi)	치에즈
가짜	假的 (jiǎde)	지아더
간	肝 (gān)	깐
간단하다	简单 (jiǎndān)	지엔딴
간장	酱油 (jiàngyóu)	찌앙여우
간절하다	诚恳 (chéngkěn)	청컨
간편하다	简便 (jiǎnbiàn)	지엔비엔
간호사	护士 (hùshi)	후스
(차를)갈아타다	换车 (huànchē)	환쳐
감	柿子 (shìzi)	스즈
감기	感冒 (gǎnmào)	깐마오
감독하다	监督 (jiāndū)	지엔두
감동하다	感动 (gǎndòng)	간똥
감자	土豆 (tǔdòu)	투떠우
값이 싸다	便宜 (piányi)	피엔이
강당	礼堂 (lǐtáng)	리탕
강도	强盗 (qiángdào)	치앙따오
강연하다	演讲 (yǎnjiǎng)	엔지앙
강하다	强 (qiáng)	치앙
같다	一样 (yíyàng)	이양
같이	一起 (yìqǐ)	이치
개발하다	开发 (kāifā)	카이파

모르는 단어 찾아보기

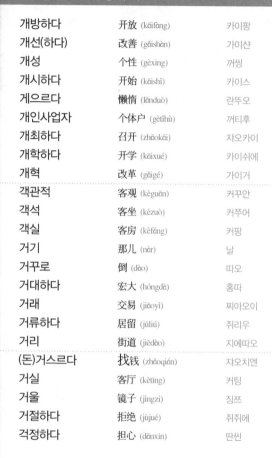

개방하다	开放 (kāifàng)	카이팡
개선(하다)	改善 (gǎishàn)	가이샨
개성	个性 (gèxìng)	꺼씽
개시하다	开始 (kāishǐ)	카이스
게으르다	懒惰 (lǎnduò)	란뚸오
개인사업자	个体户 (gètǐhù)	꺼티후
개최하다	召开 (zhāokāi)	쟈오카이
개학하다	开学 (kāixué)	카이쉬에
개혁	改革 (gǎigé)	가이거
객관적	客观 (kèguān)	커꾸안
객석	客坐 (kèzuò)	커쭈어
객실	客房 (kèfáng)	커팡
거기	那儿 (nàr)	날
거꾸로	倒 (dào)	따오
거대하다	宏大 (hóngdà)	홍따
거래	交易 (jiāoyì)	찌아오이
거류하다	居留 (jūliú)	쥐리우
거리	街道 (jiēdào)	지에따오
(돈)거스르다	找钱 (zhǎoqián)	쟈오치엔
거실	客厅 (kètīng)	커팅
거울	镜子 (jìngzi)	징쯔
거절하다	拒绝 (jùjué)	쥐쥐에
걱정하다	担心 (dānxīn)	딴씬

건강	健康 (jiànkāng)	찌엔캉
건포도	葡萄干 (pútáogān)	푸타오깐
걷다	走 (zǒu)	쩌우
걸다	挂 (guà)	꾸아
검다	黑 (hēi)	헤이
검사하다	检查 (jiǎnchá)	지엔챠
검역	检疫 (jiǎnyì)	지엔이
게	螃蟹 (pángxiè)	팡씨에
게임, 경기	比赛 (bǐsài)	비싸이
겨울	冬天 (dōngtiān)	뚱티엔
겨자	芥末 (jièmò)	지에모
격려하다	鼓励 (gǔlì)	구리
견고하다	坚固 (jiāngù)	지엔꾸
견본	样品 (yàngpǐn)	양핀
견학	参观 (cānguān)	찬관
견해	看法 (kànfǎ)	칸파
결과	结果 (jiéguǒ)	지에궈
결론	结论 (jiélùn)	지에룬
결정하다	决定 (juédìng)	쥐에띵
결혼하다	结婚 (jiéhūn)	지에훈
결혼식	结婚典礼 (jiéhūndiǎnlǐ)	지에훈디엔리
겸손하다	谦虚 (qiānxū)	치엔쉬
겸연쩍다	不好意思 (bùhǎoyìsi)	뿌하오이쓰

모르는 단어 찾아보기

307

경극	京剧 (jīngjù)	찡쮜
경관	景色 (jǐngsè)	징써
경기	景气 (jǐngqì)	징치
경기장	体育场 (tǐyùchǎng)	티위창
경계하다	警戒 (jǐngjiè)	징지에
경비	经费 (jīngfèi)	징페이
경사	喜事 (xǐshì)	씨스
경영하다	经营 (jīngyíng)	징잉
경작하다	耕作 (gēngzuò)	껑쭈어
경쟁하다	竞争 (jìngzhēng)	찡정
경제	经济 (jīngjì)	찡지
경찰	警察 (jǐngchá)	징챠
경축하다	庆祝 (qìngzhù)	칭쭈
경치	风光 (fēngguāng)	펑꽝
경험	经验 (jīngyàn)	찡옌
계급	阶级 (jiējí)	지에지
계란	鸡蛋 (jīdàn)	지딴
계산하다	计算 (jìsuàn)	지쑤안
계속	继续 (jìxù)	지쉬
계약	合同 (hétóng)	허통
계약금	订金 (dìngjīn)	띵찐
계약서	合同书 (hétóngshū)	허통슈
계절	季节 (jìjié)	찌지에

계통	系统 (xìtǒng)	씨통
계획	计划 (jìhuà)	찌화
고객	顾客 (gùkè)	꾸커
고관	高官 (gāoguān)	까오관
고구마	红薯, 地瓜 (hóngshǔ, dìguā)	홍슈, 띠과
고궁	故宫 (gùgōng)	꾸꽁
고급	高级 (gāojí)	까오지
고기	肉 (ròu)	러우
고기만두	肉包子 (ròubāozi)	러우빠오쯔
고단하다	疲倦 (píjuàn)	피쮀엔
고등학교	高中 (gāozhōng)	까오중
고르다	选择 (xuǎnzé)	쉬엔저
고맙다	谢谢 (xièxie)	씨에씨에
고별	告别 (gàobié)	까오비에
고생하다	辛苦 (xīnkǔ)	씬쿠
고속도로	高速公路 (gāosùgōnglù)	까오수꽁루
고장	地方 (dìfang)	띠팡
고장나다	故障 (gùzhàng)	꾸장
고추	辣椒 (làjiāo)	라쟈오
고춧가루	辣椒粉儿 (làjiāofěnr)	라쟈오펄
고치다	修理 (xiūlǐ)	씨우리
고통스럽다	痛苦 (tòngkǔ)	통쿠
고향	家乡 (jiāxiāng)	지아샹

고혈압	高血压 (gāoxuèyā)	까오쉬에야
곤란하다	困难 (kùnnan)	쿤난
곧	马上 (mǎshàng)	마샹
곧장	一直 (yìzhí)	이즈
골동품	古董, 古玩 (gǔdǒng, gǔwán)	구동, 구완
골목	胡同 (hútóng)	후통
골프	高尔夫球 (gāo'ěrfūqiú)	까오얼푸치우
곰	熊 (xióng)	슝
공급하다	供给 (gōngjǐ)	꽁지
공기	空气 (kōngqì)	콩치
공로	功劳 (gōngláo)	꽁라오
공문	公文 (gōngwén)	꽁원
공부	学习, 念书 (xuéxí, niànshū)	쉬에시, 니엔슈
공사	工程 (gōngchéng)	꽁청
공업	工业 (gōngyè)	꽁예
공연하다	公演 (gōngyǎn)	꽁옌
공예품	工艺品 (gōngyìpǐn)	꽁이핀
공원	公园 (gōngyuán)	꽁위엔
공장	工厂 (gōngchǎng)	꽁창
공중전화	公用电话 (gōngyòngdiànhuà)	꽁용띠엔화
공증	公证 (gōngzhèng)	꽁쩡
공항	机场 (jīchǎng)	지창
과거	过去 (guòqù)	궈취

모르는 단어 찾아보기

과세	纳税 (nàshuì)	나슈이
과일	水果 (shuǐguǒ)	슈이궈
과자	饼干 (bǐnggān)	삥깐
과즙	果汁 (guǒzhī)	궈즈
과장	科长 (kēzhǎng)	커장
과학	科学 (kēxué)	커쉬에
과학기술	科技 (kējì)	커지
관객	观众 (guānzhòng)	꾸안중
관계	关系 (guānxì)	꾸안시
관광	观光 (guānguāng)	꾸안꽝
관광단	观光团 (guānguāngtuán)	꾸안투안
관람하다	参观 (cānguān)	찬관
관람료	参观费 (cānguānfèi)	찬관페이
관세	关税 (guānshuì)	관수이
관심	关心 (guānxīn)	꾸안씬
광고	广告 (guǎnggào)	광까오
광동어	广东话 (Guǎngdōnghuà)	광동화
괘씸하다	可恶 (kěwù)	커우
괜찮다	不错 (búcuò)	부추어
괴롭다	难过 (nánguò)	난궈
괴상하다	奇怪 (qíguài)	치꽈이
굉장히	非常 (fēicháng)	페이창
교과서	课本 (kèběn)	커번

모르는 단어 찾아보기

교류	交流 (jiāoliú)	지아오류
교민	侨民 (qiáomín)	치아오민
교부하다	交付 (jiāofù)	지아오푸
교사	教师 (jiàoshī)	찌아오스
교수	教授 (jiàoshòu)	찌아오셔우
교실	教室 (jiàoshì)	찌아오스
교육	教育 (jiàoyù)	찌아오위
교외	郊外 (jiāowài)	찌아오와이
교통	交通 (jiāotōng)	찌아오통
교통경찰	交通警察 (jiāotōng jǐngchá)	찌아오통 징차
교환하다	交换 (jiāohuàn)	찌아오환
교회당	教会堂 (jiàohuìtáng)	찌아오후이탕
구급약	急救药 (jíjiùyào)	지찌우야오
구급차	救护车 (jiùhùchē)	찌우후처
구독하다	订阅 (dìngyuè)	띵위에
구두	皮鞋 (píxié)	피씨에
구름	云 (yún)	윈
구비하다	具备 (jùbèi)	쥐뻬이
구명복	救生衣 (jiùshēngyī)	찌우성이
구분	区别 (qūbié)	취비에
구토	呕吐 (ǒutù)	어우투
국가	国家 (guójiā)	궈지아
국경	国境 (guójìng)	궈찡

국경일	国庆节 (guóqìngjié)	궈칭지에
국교를 맺다	建交 (jiànjiāo)	찌엔찌아오
국립	国立 (guólì)	궈리
국내	国内 (guónèi)	궈네이
국민	国民 (guómín)	궈민
국수	面条 (miàntiáo)	미엔티아오
국적	国籍 (guójí)	궈지
국외	国外 (guówài)	궈와이
국제	国际 (guójì)	궈지
국제연합	联合国 (liánhéguó)	리엔허궈
군대	军队 (jūnduì)	쥔뚜이
권리	权利 (quánlì)	취엔리
권장하다	劝告 (quàngào)	취엔까오
귀	耳朵 (ěrduo)	얼두어
귀고리	耳环 (ěrhuán)	얼환
귀국하다	回国 (huíguó)	후이궈
귀금속, 장신구	首饰 (shǒushi)	셔우스
귀신, 악마	魔鬼 (móguǐ)	모꾸이
귀엽다	可爱 (kě'ài)	커아이
규정	规定 (guīdìng)	꾸이띵
귤	桔子 (júzi)	쥐즈
그(것)	那个 (nàge)	나거
그 사람	他 (tā)	타

그끄저께	大前天 (dàqiántiān)	따치엔티엔
그래서	所以 (suǒyǐ)	쑤어이
그러나	可是, 但是 (kěshì, dànshì)	커스, 딴스
그램	公分 (gōngfēn)	꽁펀
그런데	不过 (búguò)	부궈
그룹, 단체	团体 (tuántǐ)	투안티
그리워하다	想 (xiǎng)	샹
그림	画儿 (huàr)	활
그저께	前天 (qiántiān)	치엔티엔
극비	机密 (jīmì)	지미
극장	剧场 (jùchǎng)	쮜창
근교	近郊 (jìnjiāo)	찐지아오
근대	近代 (jìndài)	진따이
근무	工作 (gōngzuò)	꽁쭈어
근면하다	勤劳 (qínláo)	친라오
근시	近视 (jìnshì)	찐스
근심하다	操心 (cāoxīn)	차오씬
근육	肌肉 (jīròu)	지러우
근처	附近 (fùjìn)	푸진
글	文章 (wénzhāng)	원장
글피	大后天 (dàhòutiān)	따허우티엔
금	金子 (jīnzi)	찐쯔
금년	今年 (jīnnián)	찐니엔

금방	刚才 (gāngcái)	깡차이
금연	禁烟 (jìnyān)	찐옌
금지	禁止 (jìnzhǐ)	찐즈
급료	工资, 薪水 (gōngzi, xīnshuǐ)	꽁쯔, 씬쉐이
급하다	急 (jí)	지
급행열차	特快列车 (tèkuài lièchē)	터콰이 리에처
긍정하다	肯定 (kěndìng)	컨띵
기계	机器 (jīqì)	지치
기관	机关 (jīguān)	지관
기관지염	气管炎 (qìguǎnyán)	치관옌
기구	工具 (gōngjù)	꽁쮜
기념	纪念 (jìniàn)	지니옌
기념품	纪念品 (jìniànpǐn)	지니옌핀
기다리다	等, 等待 (děng, děngdài)	덩, 덩따이
기대하다	期待 (qīdài)	치따이
기도	祷告 (dǎogào)	다오까오
기독교	基督教 (jīdūjiào)	찌두찌아오
기록	记录 (jìlù)	찌루
기름	油 (yóu)	여우
기본	基本 (jīběn)	찌번
기부금	捐款 (juānkuǎn)	쮜엔쿠안
기쁘다	高兴 (gāoxìng)	까오씽
기분	心情 (xīnqíng)	씬칭

기상	气象 (qìxiàng)	치샹
기숙사	宿舍 (sùshè)	쑤서
기술	技术 (jìshù)	찌슈
기술자	技术人员 (jìshùrényuán)	찌슈런위엔
기억	记忆 (jìyì)	찌이
기업가	企业家 (qǐyèjiā)	치예지아
기온	气温 (qìwēn)	치원
기운	力气 (lìqi)	리치
기절하다	晕倒 (yūndǎo)	윈다오
기차	火车 (huǒchē)	후워처
기초	基础 (jīchǔ)	지추
기침	咳嗽 (késou)	커써우
기타	其他 (qítā)	치타
기한	期限 (qīxiàn)	치씨엔
기혼	已婚 (yǐhūn)	이훈
기회	机会 (jīhuì)	지후이
기후	气候 (qìhòu)	치허우
긴급하다	紧急 (jǐnjí)	진지
긴장하다	紧张 (jǐnzhāng)	진장
길	路 (lù)	루
길다	长 (cháng)	창
김	紫菜 (zǐcài)	쯔차이
김치	泡菜 (pàocài)	파오차이

깃	领子 (lǐngzi)	링쯔
깊다	深 (shēn)	션
까다롭다	麻烦 (máfan)	마판
까닭	原因 (yuányīn)	위엔인
깔보다	小看 (xiǎokàn)	샤오칸
깨끗하다	干净 (gānjìng)	깐징
깨지다	破坏 (pòhuài)	포화이
꼭	一定 (yídìng)	이띵
꽃	花儿 (huār)	활
꽃무늬	花纹 (huāwén)	화원
꿈	梦 (mèng)	멍
꿈꾸다	做梦 (zuòmèng)	쭈어멍
껌	口香糖 (kǒuxiāngtáng)	커우샹탕
끌다	拖 (tuō)	투어
끈	绳子 (shéngzi)	셩쯔
끝마치다	结束 (jiéshù)	지에슈
나	我 (wǒ)	워
나가다	出去 (chūqù)	추취
나누다	分配 (fēnpèi)	펀페이
나무	树 (shù)	슈
나쁘다	坏, 不好 (huài, bùhǎo)	화이, 뿌하오
나이	年龄 (niánlíng)	니엔링
나이트클럽	夜总会 (yèzǒnghuì)	예쫑후이

모르는 단어 찾아보기

317

나일론	尼龙 (nílóng)	니롱
나중	以后 (yǐhòu)	이허우
나타나다	出现 (chūxiàn)	츄씨엔
낙관하다	乐观 (lèguān)	러관
낚시하다	钓鱼 (diàoyú)	띠아오위
난간	栏杆 (lángān)	란깐
난로	火炉 (huǒlú)	후워루
날다	飞 (fēi)	페이
날카롭다	锋利 (fēnglì)	펑리
날고기	生肉 (shēngròu)	성러우
날씨	天气 (tiānqì)	티엔치
날씬하다	瘦长 (shòucháng)	셔우창
날짜	日子 (rìzi)	르쯔
남, 남쪽	南边 (nánbiān)	난비엔
남동생	弟弟 (dìdi)	띠디
낭만적이다	浪漫 (làngmàn)	랑만
낭비하다	浪费 (làngfèi)	랑페이
낮	白天 (báitiān)	바이티엔
낮다	低 (dī)	띠
낯설다	陌生 (mòshēng)	모성
내년	明年 (míngnián)	밍니엔
내용	内容 (nèiróng)	네이롱
냄새	味儿 (wèir)	월

냅킨	餐巾纸 (cānjīnzhǐ)	찬진즈
냉면	冷面 (lěngmiàn)	렁미엔
냉장고	电冰箱 (diànbīngxiāng)	띠엔빙썅
너, 당신	你 (nǐ)	니
넓다	广大 (guǎngdà)	광따
노랗다	黄 (huáng)	황
노크하다	敲门 (qiāomén)	치아오먼
노래하다	唱歌儿 (chànggēr)	창껄
노력하다	努力 (nǔlì)	누리
노트	本子 (běnzi)	번쯔
녹색	绿色 (lǜsè)	뤼써
녹음	录音 (lùyīn)	루인
녹음기	录音机 (lùyīnjī)	루인지
논문	论文 (lùnwén)	룬원
놀다	玩儿 (wánr)	왈
농담하다	开玩笑 (kāi wánxiào)	카이 완씨아오
농민	农民 (nóngmín)	눙민
농촌	农村 (nóngcūn)	눙춘
높다	高 (gāo)	까오
높이다	提高 (tígāo)	티까오
놓다	放 (fàng)	팡
놓치다	失去 (shīqù)	스취
누구	谁 (shéi)	쉐이

모르는 단어 찾아보기

모르는 단어 찾아보기

뇌	脑 (nǎo)	나오
누나	姐姐 (jiějie)	지에지에
눈	眼睛 (yǎnjing)	옌찡
눈물	眼泪 (yǎnlèi)	옌레이
눈이 내리다	下雪 (xiàxuě)	샤쉬에
눕다	躺 (tǎng)	탕
뉴스	新闻 (xīnwén)	씬원
느끼다	感觉 (gǎnjué)	간쥐에
느리다	慢 (màn)	만
늘다	增加 (zēngjiā)	쩡지아
늦다	晚 (wǎn)	완
다리	桥 (qiáo)	치아오
다림질하다	熨衣服 (yùn yīfu)	윈 이푸
다시	再 (zài)	짜이
다양하다	多样 (duōyàng)	뚜어양
다정하다	多情 (duōqíng)	뚜어칭
다치다	损伤 (sǔnshāng)	쑨샹
단풍	红叶 (hóngyè)	훙예
달다	甜 (tián)	티엔
닭	鸡 (jī)	지
닭고기	鸡肉 (jīròu)	지러우
담배피우다	抽烟 (chōuyān)	쳐우옌
당기다	拉 (lā)	라

당연하다	当然 (dāngrán)	땅란
당직	值班 (zhíbān)	즈빤
단과대학	学院 (xuéyuàn)	쉬에위엔
대륙	大陆 (dàlù)	따루
대만	台湾 (Táiwān)	타이완
대머리	光头 (guāngtóu)	광터우
대변	大便 (dàbiàn)	따비엔
대신하다	代替 (dàitì)	따이티
대접하다	招待 (zhāodài)	쟈오따이
대중	大众 (dàzhòng)	따중
대표	代表 (dàibiǎo)	따이비아오
대학교	大学 (dàxué)	따쉬에
더구나	加上 (jiāshàng)	지아샹
더럽다	脏 (zāng)	짱
덥다	热 (rè)	러
더운물	热水 (rèshuǐ)	러슈이
덩어리	块 (kuài)	콰이
도로	公路 (gōnglù)	꿍루
도망치다	逃走 (táozǒu)	타오쩌우
도매상	批发商 (pīfāshāng)	피파샹
도박장	赌场 (dǔchǎng)	두창
도서관	图书馆 (túshūguǎn)	투슈관
도시	城市 (chéngshì)	청스

도시락	饭盒 (fànhé)	판허
도자기	瓷器 (cíqì)	츠치
도장	图章 (túzhāng)	투쟝
도착	到达 (dàodá)	따오다
독서	读书 (dúshū)	두슈
독일인	德国人 (Déguórén)	더궈런
돈	钱 (qián)	치엔
돈지갑	钱包 (qiánbāo)	치엔빠오
돌	石头 (shítou)	스터우
돌다	转 (zhuàn)	쭈안
돕다	帮助 (bāngzhù)	빵주
동쪽	东边 (dōngbiān)	뚱비엔
동물	动物 (dòngwù)	뚱우
동물원	动物园 (dòngwùyuán)	뚱우위엔
동생	弟弟 (dìdi)	띠디
동시에	同时 (tóngshí)	통스
동양	东方 (dōngfāng)	뚱팡
동행하다	同行 (tóngxíng)	통씽
돼지고기	猪肉 (zhūròu)	쭈러우
두껍다	厚 (hòu)	허우
두렵다	可怕 (kěpà)	커파
두부	豆腐 (dòufu)	떠우푸
둘	两, 二 (liǎng, èr)	량, 얼

뒤, 뒤쪽	后边 (hòubiān)	허우비엔
드라이기	吹风机 (chuīfēngjī)	추이펑지
듣다	听 (tīng)	팅
들다	拿, 提 (ná, tí)	나, 티
등기편지	挂号信 (guàhàoxìn)	꽈하오씬
등록하다	登记 (dēngjì)	떵지
등산	爬山 (páshān)	파산
디자인	花样 (huāyàng)	화양
딸	女儿 (nǚ'ér)	뉘얼
땀	汗 (hàn)	한
땅콩	花生 (huāshēng)	화성
라디오	收音机 (shōuyīnjī)	셔우인지
라이터	打火机 (dǎhuǒjī)	따후워지
레몬차	柠檬茶 (níngméngchá)	닝멍차
레인코트	雨衣 (yǔyī)	위이
레퍼토리	节目 (jiémù)	지에무
리셉션	宴会 (yànhuì)	옌후이
루트	路程 (lùchéng)	루청
류머티즘	风湿症 (fēngshīzhèng)	펑스쩡
마노	玛瑙 (mǎnǎo)	마나오
마늘	大蒜 (dàsuàn)	따쑤안
마루	地板 (dìbǎn)	띠반
마음	心里 (xīnlǐ)	씬리

323

마지막	最后 (zuìhòu)	쭈이허우
마음놓다	放心 (fàngxīn)	팡씬
만일	如果 (rúguǒ)	루궈
마시다	喝 (hē)	허
마사지	按摩 (ànmó)	안모
막다	挡住 (dǎngzhù)	당쭈
만나다	见面 (jiànmiàn)	찌엔미엔
만리장성	万里长城 (wànlǐchángchéng)	완리창청
만족스럽다	满意 (mǎnyì)	만이
말하다	说话 (shuōhuà)	슈어화
맛	味道 (wèidao)	웨이따오
맛있다	好吃 (hǎochī)	하오츠
매력	魅力 (mèilì)	메이리
매매하다	买卖 (mǎimài)	마이마이
매일	每天 (měitiān)	메이티엔
매형	姐夫 (jiěfu)	지에푸
매화	梅花 (méihuā)	메이화
맥주	啤酒 (píjiǔ)	피지우
맵다	辣 (là)	라
머리	头 (tóu)	터우
머리카락	头发 (tóufa)	터우파
머무르다	住 (zhù)	쭈
먹다	吃 (chī)	츠

모르는 단어 찾아보기

먼저	先 (xiān)	씨엔
멀다	远 (yuǎn)	위엔
멋있다	好看 (hǎokàn)	하오칸
메모	留言 (liúyán)	리우옌
면세	免税 (miǎnshuì)	미엔슈이
면적	面积 (miànjī)	미엔지
명단	名单 (míngdān)	밍딴
명령	命令 (mìnglìng)	밍링
명승고적	名胜古迹 (míngshènggǔjì)	밍셩구지
명함	名片 (míngpiàn)	밍피엔
모기	蚊子 (wénzi)	원쯔
모두	都 (dōu)	떠우
모레	后天 (hòutiān)	허우티엔
모방하다	模仿 (mófǎng)	모팡
모양	样子 (yàngzi)	양쯔
모이다	团聚 (tuánjù)	투안쥐
모임	集会 (jíhuì)	지후이
모자	帽子 (màozi)	마오쯔
모자라다	不够 (búgòu)	부꺼우
목	脖子 (bózi)	보쯔
목각품	木刻品 (mùkèpǐn)	무커핀
목걸이	项链 (xiàngliàn)	샹리엔
목마르다	渴 (kě)	커

목록	目录 (mùlù)	무루
목욕하다	洗澡 (xǐzǎo)	씨자오
목적지	目的地 (mùdìdì)	무띠띠
몰수하다	没收 (mòshōu)	모셔우
몸	身体 (shēntǐ)	션티
못마땅하다	不满意 (bùmǎnyì)	뿌만이
못생기다	难看 (nánkàn)	난칸
무겁다	重 (zhòng)	쭝
무게	重量 (zhòngliàng)	쭝량
무관하다	无关 (wúguān)	우꾸안
무기	武器 (wǔqì)	우치
무대	舞台 (wǔtái)	우타이
무료하다	无聊 (wúliáo)	우리아오
무엇, 무슨	什么 (shénme)	션머
무역	贸易 (màoyì)	마오이
무섭다	害怕 (hàipà)	하이파
문	门 (mén)	먼
문제	问题 (wèntí)	원티
문학	文学 (wénxué)	원쉬에
문화	文化 (wénhuà)	원화
물	水 (shuǐ)	슈이
물건	东西 (dōngxi)	똥시
뮤지컬	歌剧 (gējù)	꺼쥐

326

미니스커트	迷你裙 (mínǐqún)	미니췬
미래	未来 (wèilái)	웨이라이
미술관	美术馆 (měishùguǎn)	메이슈관
미안하다	对不起 (duìbuqǐ)	뚜이부치
미혼	未婚 (wèihūn)	웨이훈
민요	民谣 (mínyáo)	민야오
민족	民族 (mínzú)	민주
믿다	相信 (xiāngxìn)	샹씬
밀다	推 (tuī)	투이
밉살스럽다	讨厌 (tǎoyàn)	타오옌
바꾸다	交换 (jiāohuàn)	지아오환
바다	海 (hǎi)	하이
바람불다	刮风 (guāfēng)	꽈펑
바르다	搽 (chá)	챠
바쁘다	忙 (máng)	망
바이올린	小提琴 (xiǎotíqín)	씨아오티친
바지	裤子 (kùzi)	쿠쯔
박수치다	鼓掌 (gǔzhǎng)	구장
밖	外面 (wàimiàn)	와이미엔
박물관	博物馆 (bówùguǎn)	보우관
반대하다	反对 (fǎnduì)	판뚜이
반도	半岛 (bàndǎo)	빤따오
반지	戒指 (jièzhǐ)	찌에즈

받다	受, 收 (shòu, shōu)	셔우
발	足 (zú)	쭈
발견	发现 (fāxiàn)	파씨엔
발신인	寄信人 (jìxìnrén)	지씬런
발음	发音 (fāyīn)	파인
발전	发展 (fāzhǎn)	파쟌
발행하다	发行 (fāxíng)	파씽
밤	晚上 (wǎnshang)	완상
밤참	宵夜 (xiāoyè)	씨아오예
밥	饭 (fàn)	판
방, 룸	房间 (fángjiān)	팡지엔
방문하다	访问 (fǎngwèn)	팡원
방법	方法 (fāngfǎ)	팡파
방송	广播 (guǎngbō)	광뽀
방학하다	放假 (fàngjià)	팡지아
방향	方向 (fāngxiàng)	팡샹
배	船 (chuán)	츄안
배고프다	饿 (è)	어
배구	排球 (páiqiú)	파이치우
배려하다	照顾 (zhàogù)	쟈오꾸
배멀미	晕船 (yùnchuán)	윈추안
배부르다	吃饱 (chībǎo)	츠빠오
배우다	学, 学习 (xué, xuéxí)	쉬에, 쉬에시

백화점	百货店 (bǎihuòdiàn)	바이후워띠엔
버스	公共汽车 (gōnggòngqìchē)	꽁꽁치처
버리다	扔掉 (rēngdiào)	렁띠아오
번거롭다	麻烦 (máfan)	마판
번역	翻译 (fānyì)	판이
번호	号码 (hàomǎ)	하오마
번화하다	繁华 (fánhuá)	판화
벌써	早就 (zǎojiù)	자오찌우
범인	犯人 (fànrén)	판런
범죄	犯罪 (fànzuì)	판쭈이
법률	法律 (fǎlù)	파뤼
벗다	脱 (tuō)	투어
베개	枕头 (zhěntou)	쩐터우
벨트	腰带 (yāodài)	야오따이
변비	便秘 (biànmì)	삐엔미
변호사	律师 (lùshī)	뤼스
병나다	生病 (shēngbìng)	셩삥
병원	医院 (yīyuàn)	이위엔
별명	外号 (wàihào)	와이하오
보다	看 (kàn)	칸
보내다	寄送 (jìsòng)	찌쏭
보증서	保证书 (bǎozhèngshū)	바오정슈
보통이다	普通 (pǔtōng)	푸퉁

모르는 단어 찾아보기

보트	小船 (xiǎochuán)	씨아오츄안
보험	保险 (bǎoxiǎn)	바오씨엔
복사	复印 (fùyìn)	푸인
복숭아	桃子 (táozi)	타오쯔
복잡하다	复杂 (fùzá)	푸자
볶다	炒 (chǎo)	챠오
복통	腹痛 (fùtòng)	푸퉁
본사	总公司 (zǒnggōngsī)	쫑꿍쓰
볼펜	圆珠笔 (yuánzhūbǐ)	위엔쭈비
봄	春天 (chūntiān)	츈티엔
부두	码头 (mǎtou)	마터우
부드럽다	温柔 (wēnróu)	원러우
부딪치다	撞 (zhuàng)	쭈앙
부인	夫人 (fūren)	푸런
부채	扇子 (shànzi)	샨즈
부츠	长筒鞋 (chángtǒngxié)	창퉁씨에
부치다	寄 (jì)	찌
부티크	衣裳店 (yīshangdiàn)	이상띠엔
북, 북쪽	北边 (běibiān)	베이비엔
분수	喷水 (pēnshuǐ)	펀수이
분위기	气氛 (qìfēn)	치펀
불교	佛教 (fójiào)	포지아오
불편하다	不方便 (bùfāngbiàn)	뿌팡삐엔

불친절하다	不亲切 (bùqīnqiè)	뿌친치에
붉다	红 (hóng)	훙
브랜디	白兰地酒 (báilándìjiǔ)	바이란띠지우
브로치	胸针 (xiōngzhēn)	슝쩐
블라우스	衬衫 (chènshān)	쳔산
비	雨 (yǔ)	위
비극	悲剧 (bēijù)	뻬이쥐
비누	香皂 (xiāngzào)	샹짜오
비밀	秘密 (mìmì)	미미
비상구	太平门 (tàipíngmén)	타이핑먼
비서	秘书 (mìshū)	미슈
비싸다	贵 (guì)	꾸이
비용	费用 (fèiyòng)	페이용
비율	比率 (bǐlǜ)	비뤼
비행기표	机票 (jīpiào)	지피아오
빈혈	贫血 (pínxuè)	핀쉬에
빌딩	大楼 (dàlóu)	따러우
빌리다	借 (jiè)	찌에
빗	梳子 (shūzi)	슈쯔
빠르다	快 (kuài)	콰이
빨대	吸管 (xīguǎn)	씨관
빵집	面包店 (miànbāodiàn)	미엔빠오띠엔
사건	案件 (ànjiàn)	안지엔

머리로 단어 찾아보기

사고	事故 (shìgù)	스꾸
사과	苹果 (píngguǒ)	핑궈
사기치다	欺诈 (qīzhà)	치쨔
사다	买 (mǎi)	마이
사랑하다	爱 (ài)	아이
사무실	办公室 (bàngōngshì)	빤꽁스
사전	辞典 (cídiǎn)	츠디엔
사용하다	使用 (shǐyòng)	스용
사인	签名 (qiānmíng)	치엔밍
사자	狮子 (shīzi)	스쯔
사장	总经理 (zǒngjīnglǐ)	쭝찡리
사증(비자)	签证 (qiānzhèng)	치엔쩡
사진	相片 (xiàngpiàn)	샹피엔
사진기	照相机 (zhàoxiàngjī)	자오샹지
사촌	堂兄弟 (tángxiōngdì)	탕슝띠
사탕	糖果 (tángguǒ)	탕궈
사회	社会 (shèhuì)	셔후이
산소마스크	氧气面具 (yǎngqì miànjù)	양치 미엔쮜
살다	住 (zhù)	쭈
삶	生活 (shēnghuó)	성후워
삶다	煮 (zhǔ)	쥬
상냥하다	和气 (héqì)	허치
상담하다	商谈 (shāngtán)	샹탄

상상하다	想像 (xiǎngxiàng)	샹씨앙
상세하다	详细 (xiángxì)	샹씨
상연하다	演出 (yǎnchū)	옌츄
상의	上衣 (shàngyī)	샹이
상자	箱子 (xiāngzi)	샹쯔
상품	商品 (shāngpǐn)	샹핀
상하다	坏烂 (huàilàn)	화이란
새	鸟 (niǎo)	니아오
새롭다	新 (xīn)	씬
색	颜色 (yánsè)	옌써
샌드위치	三明治 (sānmíngzhì)	싼밍즈
샐러드	沙拉 (shālā)	샤라
생각하다	想 (xiǎng)	샹
생년월일	生年月日 (shēngniányuèrì)	셩니엔위에르
생리대	卫生巾 (wèishēngjīn)	웨이셩찐
생맥주	生啤酒 (shēngpíjiǔ)	셩피지우
생산하다	生产 (shēngchǎn)	셩찬
생산량	产量 (chǎnliàng)	찬량
생선	鱼 (yú)	위
생선회	生鱼片 (shēngyúpiàn)	셩위피엔
생일	生日 (shēngrì)	셩르
샤워	洗澡 (xǐzǎo)	씨짜오
샴페인	香槟酒 (xiāngbīnjiǔ)	샹삔지우

모르는 단어 찾아보기

샴푸	洗发精 (xǐfàjīng)	씨파찡
서쪽	西边 (xībiān)	씨비엔
서다	停止, 站 (tíngzhǐ, zhàn)	팅즈, 짠
서류	文件 (wénjiàn)	원지엔
서명	签名 (qiānmíng)	치엔밍
서점	书店 (shūdiàn)	슈띠엔
석유	石油 (shíyóu)	스여우
선물	礼物 (lǐwù)	리우
설계	设计 (shèjì)	셔지
설날	元旦 (yuándàn)	위엔딴
설명하다	说明 (shuōmíng)	슈어밍
설사하다	拉肚子 (lādùzi)	라뚜쯔
설탕	糖 (táng)	탕
섭섭하다	依依不舍 (yīyībùshě)	이이뿌셔
섭씨	摄氏 (shèshì)	셔스
성명	姓名 (xìngmíng)	씽밍
성공(하다)	成功 (chénggōng)	청꽁
성냥	火柴 (huǒchái)	후워차이
성대하다	盛大 (shèngdà)	셩따
성별	性别 (xìngbié)	씽비에
성실하다	诚实 (chéngshí)	청스
세계	世界 (shìjiè)	스지에
세내다	租 (zū)	쭈

세관	海关 (hǎiguān)	하이관
세금	税金 (shuìjīn)	슈이진
세수하다	洗脸 (xǐliǎn)	씨리엔
세탁기	洗衣机 (xǐyījī)	씨이지
셀프서비스	自助 (zìzhù)	쯔주
셔터	快门 (kuàimén)	콰이먼
센티미터	里米 (lǐmǐ)	리미
소고기	牛肉 (niúròu)	니우러우
소개하다	介绍 (jièshào)	지에샤오
소금	盐 (yán)	옌
소득	所得 (suǒdé)	쑤어더
소리	声音 (shēngyīn)	셩인
소리지르다	叫 (jiào)	찌아오
소란스럽다	嘈杂 (cáozá)	차오짜
소매	衣袖 (yīxiù)	이씨우
소방서	消防队 (xiāofángduì)	샤오팡뚜이
소비하다	消费 (xiāofèi)	샤오페이
소시지	香肠 (xiāngcháng)	샹창
소아과	小儿科 (xiǎo'érkē)	샤오얼커
소파	沙发 (shāfā)	샤파
소포	包裹 (bāoguǒ)	빠오궈
소화제	消化药 (xiāohuàyào)	씨아오화야오
소화불량	消化不良 (xiāohuàbùliáng)	씨아오화뿌량

속옷	内衣 (nèiyī)	네이이
손	手 (shǒu)	셔우
손님	客人 (kèrén)	커런
손수건	手巾 (shǒujīn)	셔우진
손목시계	手表 (shǒubiǎo)	셔우비아오
손톱깎이	指甲刀 (zhǐjiǎdāo)	즈쟈따오
솔	刷子 (shuāzi)	슈아쯔
송별회	欢送会 (huānsònghuì)	환송후이
수도	首都 (shǒudū)	셔우뚜
수고스럽다	辛苦 (xīnkú)	씬쿠
수건	毛巾 (máojīn)	마오진
수리하다	修理 (xiūlǐ)	씨우리
수돗물	自来水 (zìláishuǐ)	쯔라이슈이
수면제	安眠药 (ānmiányào)	안미엔야오
수수료	手续费 (shǒuxùfèi)	셔우쉬페이
수술	手术 (shǒushù)	셔우슈
수신인	收信人 (shōuxìnrén)	셔우씬런
수영	游泳 (yóuyǒng)	여우융
수영복	游泳衣 (yóuyǒngyī)	여우융이
수공예품	手工艺品 (shǒugōngyìpǐn)	셔우꽁이핀
수입	进口 (jìnkǒu)	찐커우
수첩	手册 (shǒucè)	셔우처
수출	出口 (chūkǒu)	츄커우

수준	水平 (shuǐpíng)	슈이핑
수표	支票 (zhīpiào)	즈피아오
수프	汤 (tāng)	탕
수하물	行李 (xínglǐ)	씽리
숙박하다	住 (zhù)	쭈
순금	纯金 (chúnjīn)	춘진
순수하다	纯粹 (chúncuì)	춘추이
술	酒 (jiǔ)	지우
술안주	酒菜 (jiǔcài)	지우차이
쉽다	容易 (róngyì)	룽이
쉬다	休息 (xiūxi)	씨우시
슈트케이스	小提箱 (xiǎotíxiāng)	씨아오티샹
슈퍼마켓	超级市场 (chāojíshìchǎng)	챠오지스챵
스웨터	毛线衫 (máoxiànshān)	마오씨엔샨
스위치	电钮 (diànniǔ)	디엔니우
스카프	围巾 (wéijīn)	웨이진
스키	滑雪 (huáxuě)	화쒸에
스키화	滑雪板 (huáxuěbǎn)	화쒸에반
스케이트	冰鞋 (bīngxié)	삥씨에
스튜어디스	空中小姐 (kōngzhōngxiǎojie)	콩중씨아오지에
스포츠	体育 (tǐyù)	티위
슬프다	悲哀 (bēi'āi)	뻬이아이
습관	习惯 (xíguàn)	씨관

습도	湿度 (shīdù)	스뚜
승객	乘客 (chéngkè)	청커
승강기	电梯 (diàntī)	띠엔티
시계	钟表 (zhōngbiǎo)	중비아오
시금치	菠菜 (bócài)	뽀차이
시끄럽다	嘈吵 (cáochǎo)	차오차오
시내	市内 (shìnèi)	스네이
시외전화	长途电话 (chángtúdiànhuà)	챵투띠엔화
시작하다	开始 (kāishǐ)	카이스
시장	市场 (shìchǎng)	스챵
시차	时差 (shíchà)	스챠
시험하다	试验 (shìyàn)	스옌
시큼하다	酸 (suān)	쑤완
식다	凉 (liáng)	량
식당	食堂 (shítáng)	스탕
식물원	植物园 (zhíwùyuán)	즈우위엔
식사하다	吃饭 (chīfàn)	츠판
식욕	胃口 (wèikǒu)	웨이커우
식중독	食物中毒 (shíwùzhòngdú)	스우중두
식초	醋 (cù)	추
신다	穿 (chuān)	추안
신고하다	申报 (shēnbào)	션빠오
신년	新年 (xīnnián)	씬니엔

338

신문	报 (bào)	빠오
신문기자	新闻记者 (xīnwén jìzhě)	씬원 찌져
신분증명서	身份证 (shēnfenzhèng)	션펀쩡
신청하다	申请 (shēnqǐng)	션칭
실패하다	失败 (shībài)	스빠이
싫다	不愿意 (búyuànyì)	부위엔이
심장	心脏 (xīnzàng)	씬짱
심하다	厉害 (lìhai)	리하이
십자로	十字路 (shízìlù)	스쯔루
싸다	便宜 (piányi)	피엔이
싸우다	吵架 (chǎojià)	차오지아
쌀	米 (mǐ)	미
쓰다	写 (xiě)	씨에
쓰레기	垃圾 (lājī)	라지
씻다	洗 (xǐ)	씨
아기	小孩儿 (xiǎoháir)	샤오할
아깝다	可惜 (kěxī)	커씨
아나운서	播音员 (bōyīnyuán)	뽀인위엔
아니다	不是 (búshì)	부스
아들	儿子 (érzi)	얼쯔
아래쪽	下面 (xiàmiàn)	씨아미엔
아름답다	美丽 (měilì)	메이리
아마도	也许 (yěxǔ)	예쉬

모르는 단어 찾아보기

339

아버지	爸爸 (bàba)	빠바
아이	孩子 (háizi)	하이쯔
아이스크림	冰淇淋 (bīngqílín)	삥치린
아직	还 (hái)	하이
아저씨	叔叔 (shūshu)	슈슈
아침	早上 (zǎoshang)	자오샹
아침식사	早饭 (zǎofàn)	자오판
아파트	公寓 (gōngyù)	꽁위
아프다	疼 (téng)	텅
악수하다	握手 (wòshǒu)	워서우
안개	雾 (wù)	우
안경	眼镜 (yǎnjìng)	옌징
안내소	服务台 (fúwùtái)	푸우타이
안된다	不行 (bùxíng)	뿌싱
안전벨트	安全带 (ānquándài)	안취엔따이
앉다	坐 (zuò)	쭈어
알다	知道 (zhīdao)	즈따어
알레르기	过敏 (guòmǐn)	꾸어민
알리다	告知 (gàozhi)	까오즈
알아듣다	听懂 (tīngdǒng)	팅둥
알코올	酒精 (jiǔjīng)	지우징
암	癌 (ái)	아이
애인	恋人 (liànrén)	리엔런

모르는 단어 찾아보기

애정	爱情 (àiqíng)	아이칭
야구	棒球 (bàngqiú)	빵치우
야경	夜景 (yèjǐng)	예징
야외	野外 (yěwài)	예와이
야영	露营 (lùyíng)	루잉
약국	药房 (yàofáng)	야오팡
약속	约会 (yuēhuì)	위에후이
약하다	弱 (ruò)	루어
얇다	薄 (báo)	바오
앞쪽	前面 (qiánmiàn)	치엔미엔
양고기	羊肉 (yángròu)	양러우
양말	袜子 (wàzi)	와쯔
양복	西装 (xīzhuāng)	씨쥬앙
양화점	皮鞋店 (píxiédiàn)	피씨에띠엔
어깨	肩膀 (jiānbǎng)	지엔방
어제	昨天 (zuótiān)	쭈어티엔
언어	语言 (yǔyán)	위옌
언제	什么时候 (shénmeshihou)	션머스허우
얻다	得 (dé)	더
얼굴	脸 (liǎn)	리엔
얼마	多少 (duōshao)	뚜어샤오
에스컬레이터	自动扶梯 (zìdòngfútī)	쯔똥푸티
에이컨	空调 (kōngtiáo)	쿵티아오

341

엘리베이터	电梯 (diàntī)	띠엔티
여권	护照 (hùzhào)	후쟈오
여기, 이곳	这儿 (zhèr)	쩔
여름	夏天 (xiàtiān)	샤티엔
여름방학	暑假 (shǔjià)	슈지아
여관	旅馆 (lǚguǎn)	뤼관
여자	女人 (nǚrén)	뉘런
여행사	旅行社 (lǚxíngshè)	뤼씽서
역사	历史 (lìshǐ)	리스
연구하다	研究 (yánjiū)	옌지우
연극	话剧 (huàjù)	화쥐
연락하다	联络 (liánluò)	리엔루어
연필	铅笔 (qiānbǐ)	치엔비
열, 십	十 (shí)	스
열다	开 (kāi)	카이
열쇠	钥匙 (yàoshi)	야오스
열차	火车 (huǒchē)	후워처
엽서	明信片 (míngxìnpiàn)	밍씬피엔
입장권	门票 (ménpiào)	먼피아오
영국	英国 (Yìngguó)	잉궈
영사관	领事馆 (lǐngshìguǎn)	링스관
영수증	收据 (shōujù)	셔우쮜
영어	英文 (Yìngwén)	잉원

영화관	电影院 (diànyǐngyuàn)	띠엔잉위엔
옆	旁边 (pángbiān)	팡비엔
예매	预购 (yùgòu)	위꺼우
예술가	艺术家 (yìshùjiā)	이슈지아
예약하다	预订 (yùdìng)	위띵
예정	预定 (yùdìng)	위띵
오늘	今天 (jīntiān)	찐티엔
오래되다	久 (jiǔ)	지우
오른쪽	右边 (yòubiān)	여우비엔
오이	黄瓜 (huángguā)	황과
오전	上午 (shàngwǔ)	샹우
오토바이	摩托车 (mótuōchē)	모투어처
오페라	歌剧 (gējù)	꺼쥐
오후	下午 (xiàwǔ)	샤우
옥수수	玉米 (yùmǐ)	위미
온천	温泉 (wēnquán)	원취엔
올림픽	奥林匹克 (àolínpǐkè)	아오린피커
옷걸이	衣架 (yījià)	이지아
옷장	衣柜 (yīguì)	이꾸이
완성되다	完成 (wánchéng)	완청
완구	玩具 (wánjù)	완쮜
왕복표	往返票 (wǎngfǎnpiào)	왕판피아오
왜, 어째서	为什么 (wèishénme)	웨이션머

모르는 단어 찾아보기

외과	外科 (wàikē)	와이커
외교	外交 (wàijiāo)	와이지아오
외화	外币 (wàibì)	와이삐
왼쪽	左边 (zuǒbiān)	쭈어비엔
요리	菜 (cài)	차이
요리사	厨师 (chúshī)	츄스
욕실	洗澡间 (xǐzǎojiān)	씨짜오지엔
욕조	澡盆 (zǎopén)	짜오펀
우대	优待 (yōudài)	여우따이
우산	雨伞 (yǔsǎn)	위산
우리	我们 (wǒmen)	워먼
우유	牛奶 (niúnǎi)	니우나이
우체국	邮局 (yóujú)	여우쥐
우표	邮票 (yóupiào)	여우피아오
운동화	运动鞋 (yùndòngxié)	윈똥씨에
운전수	司机 (sījī)	쓰지
운전하다	开车 (kāichē)	카이처
울다	哭 (kū)	쿠
원인	原因 (yuányīn)	위엔인
월급	薪水 (xīnshuǐ)	씬슈이
웃다	笑 (xiào)	씨아오
웨이터	服务员 (fúwùyuán)	푸우위엔
위	胃 (wèi)	웨이

위쪽	上面 (shàngmiàn)	샹미엔
위경련	胃痉挛 (wèijìngluán)	웨이징루안
위장염	肠胃炎 (chángwèiyán)	창웨이옌
위대하다	伟大 (wěidà)	웨이따
위스키	威士忌 (wēishìjì)	웨이스지
위조품	假冒品 (jiǎmàopǐn)	지아마오핀
위험하다	危险 (wēixiǎn)	웨이씨엔
유람선	游船 (yóuchuán)	여우츄안
유리	玻璃 (bōlí)	뽀리
유래	由来 (yóulái)	여우라이
유머	幽默 (yōumò)	여우모
유명하다	有名 (yǒumíng)	여우밍
유적	遗迹 (yíjì)	이지
유지하다	维持 (wéichí)	웨이츠
유치원	幼儿园 (yòu'éryuán)	여우얼위엔
유행	流行 (liúxíng)	리우씽
은	银 (yín)	인
은행	银行 (yínháng)	인항
음료	饮料 (yǐnliào)	인랴오
음악회	音乐会 (yīnyuèhuì)	인위에후이
의견	意见 (yìjiàn)	이지엔
의논하다	商量 (shāngliang)	상량
의무	义务 (yìwù)	이무

의형제	干兄弟 (gānxiōngdì)	깐슝띠
이, 이것	这, 这个 (zhè, zhège)	쩌, 쩌거
이기다	赢 (yíng)	잉
2등	亚军 (yàjūn)	야쥔
이름	名字 (míngzi)	밍쯔
이미	已经 (yǐjing)	이징
이별하다	离别 (líbié)	리비에
이상	以上 (yǐshàng)	이샹
이야기	故事 (gùshi)	꾸스
이어폰	耳机 (ěrjī)	얼지
이용하다	利用 (lìyòng)	리용
2인실	双人房 (shuāngrénfáng)	슈앙런팡
이하	以下 (yǐxià)	이샤
이해하다	了解 (liǎojiě)	랴오지에
인간미	人情味 (rénqíngwèi)	런칭웨이
인공위성	人造卫星 (rénzào wèixīng)	런짜오 웨이씽
인삼	人参 (rénshēn)	런션
인상	印象 (yìnxiàng)	인샹
인쇄물	印刷品 (yìnshuāpǐn)	인슈아핀
인형	娃娃 (wáwa)	와와
일기	日记 (rìjì)	르지
일기예보	天气预报 (tiānqì yùbào)	티엔치 위빠오
일본	日本 (Rìběn)	르번

일본어	日文 (Rìwén)	르원
일어나다	起 (qǐ)	치
1인실	单人房 (dānrénfáng)	딴런팡
읽다	念 (niàn)	니엔
잃다	丢 (diū)	띠우
입	口 (kǒu)	커우
입구	入口 (rùkǒu)	루커우
입국하다	入境 (rùjìng)	루징
입다	穿 (chuān)	츄안
잊다	忘 (wàng)	왕
잉크	墨水 (mòshuǐ)	모슈이
자격	资格 (zīgé)	쯔거
자다	睡觉 (shuìjiào)	슈이쟈오
자동차	汽车 (qìchē)	치처
자리, 좌석	座位 (zuòwèi)	쭈어웨이
자본	资本 (zīběn)	쯔번
자연	自然 (zìrán)	쯔란
자원	资源 (zīyuán)	쯔위엔
자유무역	自由贸易 (zìyóumàoyì)	쯔여우마오이
자전거	自行车 (zìxíngchē)	쯔씽처
작가	作家 (zuòjiā)	쭈어지아
작년	去年 (qùnián)	취니엔
작다	小 (xiǎo)	씨아오

347

잔돈	零钱 (língqián)	링치엔
잔디밭	草坪 (cǎopíng)	챠오핑
잘	好好儿 (hǎohāor)	하오할
잠깐	一会儿 (yíhuìr)	이후얼
잠옷	睡衣 (shuìyī)	슈이이
잡지	杂志 (zázhì)	짜즈
잡화점	杂货店 (záhuòdiàn)	자후워띠엔
장난감	玩具 (wánjù)	완쥐
장소	地点 (dìdiǎn)	띠디엔
장신구	装饰品 (zhuāngshìpǐn)	쭈앙스핀
장점	长处 (chángchu)	챵추
재떨이	烟灰缸 (yānhuīgāng)	옌후이깡
재료	材料 (cáiliào)	차이랴오
재판	裁判 (cáipàn)	차이판
잼	果酱 (guǒjiàng)	궈쟝
쟁반	盘子 (pánzi)	판쯔
저기	那儿 (nàr)	날
저녁	晚上 (wǎnshàng)	완샹
저녁식사	晚饭 (wǎnfàn)	완판
저술	著作 (zhùzuò)	쥬쭈어
저작권	版权 (bǎnquán)	반취엔
적다	少 (shǎo)	샤오
적당하다	适当 (shìdāng)	스땅

348

전공	专业 (zhuānyè)	쭈안예
전등	电灯 (diàndēng)	띠엔떵
전달하다	传达 (chuándá)	추안다
전망대	了望台 (liǎowàngtái)	랴오왕타이
전시회	展览会 (zhǎnlǎnhuì)	짠란후이
전염병	传染病 (chuánrǎnbìng)	츄안란삥
전지	电池 (diànchí)	띠엔츠
전통	传统 (chuántǒng)	츄안퉁
전화	电话 (diànhuà)	띠엔화
전화번호	电话号码 (diànhuàhàomǎ)	띠엔화하오마
절	寺院 (sìyuàn)	쓰위엔
절차	次序 (cìxù)	츠쉬
젊다	年轻 (niánqīng)	니엔칭
점심식사	午饭 (wǔfàn)	우판
점원	店员 (diànyuán)	띠엔위엔
접대	招待 (zhāodài)	쟈오따이
접시	碟子 (diézi)	디에쯔
젓가락	筷子 (kuàizi)	콰이쯔
정가	定价 (dìngjià)	띵지아
정류장	车站 (chēzhàn)	처짠
정보	情报 (qíngbào)	칭빠오
정찰제	不二价 (bú'èrjià)	부얼지아
정치	政治 (zhèngzhì)	쩡쯔

349

정확하다	正确 (zhèngquè)	쩡취에
조각	雕刻 (diāokè)	띠아오커
조건	条件 (tiáojiàn)	탸오지엔
조금	一点儿 (yìdiǎnr)	이디얼
조심하다	小心 (xiǎoxīn)	씨아오씬
조용하다	安静 (ānjìng)	안찡
조작하다	操作 (cāozuò)	차오쭈어
족하다	足够 (zúgòu)	주꺼우
졸업	毕业 (bìyè)	삐예
졸리다	困 (kùn)	쿤
좁다	窄 (zhǎi)	짜이
종교	宗教 (zōngjiào)	쫑찌아오
종류	种类 (zhǒnglèi)	종레이
종이	纸 (zhǐ)	즈
좋아하다	喜欢 (xǐhuan)	씨환
좌측	左边儿 (zuǒbiānr)	쭈어비알
좌담회	座谈会 (zuòtánhuì)	쭈어탄후이
죄송스럽다	抱歉 (bàoqiàn)	빠오치엔
주다	给 (gěi)	게이
주문하다	订货 (dìnghuò)	띵후워
주말	周末 (zhōumò)	쪄우모
주인	主人 (zhǔrén)	주런
주사맞다	打针 (dǎzhēn)	다전

주소	地址 (dìzhǐ)	띠즈
주최하다	主办 (zhǔbàn)	주빤
주유소	加油站 (jiāyóuzhàn)	지아여우짠
죽다	死 (sǐ)	쓰
준비하다	准备 (zhǔnbèi)	쥰뻬이
중국	中国 (Zhōngguó)	중궈
중국어	汉语 (Hànyǔ)	한위
중요하다	重要 (zhòngyào)	중야오
중등학교	中学 (zhōngxué)	중쉬에
쥐	老鼠 (lǎoshǔ)	라오슈
즉시	马上 (mǎshàng)	마샹
증가하다	增加 (zēngjiā)	쩡지아
증권	证券 (zhèngquàn)	쩡취엔
증명서	证明书 (zhèngmíngshū)	쩡밍슈
증상	症状 (zhèngzhuàng)	쩡쭈앙
지갑	钱包 (qiánbāo)	치엔빠오
지도	地图 (dìtú)	띠투
지배인	经理 (jīnglǐ)	찡리
지불하다	付 (fù)	푸
지식	知识 (zhīshi)	즈스
지진	地震 (dìzhèn)	띠쩐
지저분하다	脏乱 (zāngluàn)	짱루안
지하도	地下道 (dìxiàdào)	띠샤따오

지하철	地铁 (dìtiě)	띠티에
직업	职业 (zhíyè)	즈예
직위	职位 (zhíwèi)	즈웨이
진단서	诊断书 (zhěnduànshū)	전뚜안슈
진찰하다	看病 (kànbìng)	칸삥
진통제	止疼药 (zhǐténgyào)	즈텅야오
질기다	硬 (yìng)	잉
짐	行李 (xíngli)	씽리
집	家, 房子 (jiā, fángzi)	지아, 팡쯔
짜다	咸 (xián)	씨엔
짧다	短 (duǎn)	뚜안
차갑다	凉 (liáng)	량
차멀미	晕车 (yùnchē)	윈처
착륙하다	着陆 (zhuólù)	주어루
찬성하다	赞成 (zànchéng)	짠청
참가하다	参加 (cānjiā)	찬지아
찻잎	茶叶 (cháyè)	차예
찻집	茶馆 (cháguǎn)	차관
창문	窗户 (chuānghu)	츄앙후
창피스럽다	丢脸 (diūliǎn)	띠우리엔
찾다	找 (zhǎo)	쟈오
책	书 (shū)	슈
천식	喘息 (chuǎnxī)	츄안씨

천천히	慢慢的 (mànmānde)	만만더
청소하다	打扫 (dǎsǎo)	다싸오
체온	体温 (tǐwēn)	티원
초과	超过 (chāoguò)	챠오궈
초대하다	招待 (zhāodài)	쟈오따이
초대소	招待所 (zhāodàisuǒ)	쟈오따이쑤어
초콜릿	巧克力 (qiǎokèlì)	챠오커리
최근	最近 (zuìjìn)	쭈이찐
최대	最大 (zuìdà)	쭈이따
최후	最后 (zuìhòu)	쭈이허우
축제	节日 (jiérì)	지에르
축하하다	祝贺 (zhùhè)	쭈허
출구	出口 (chūkǒu)	츄커우
출국하다	出境 (chūjìng)	츄찡
출발하다	出发 (chūfā)	츄파
춤추다	跳舞 (tiàowǔ)	티아오우
춥다	冷 (lěng)	렁
취소하다	取消 (qǔxiāo)	취씨아오
치과	牙科 (yákē)	야커
칫솔	牙刷 (yáshuā)	야슈아
치약	牙膏 (yágāo)	야까오
치즈	奶酪 (nǎilào)	나이라오
친절하다	亲切 (qīnqiè)	친치에

353

모르는 단어 찾아보기

침대	床 (chuáng)	츄앙
카메라	照相机 (zhàoxiàngjī)	쟈오썅지
카바레	夜总会 (yèzǒnghuì)	예쫑후이
카세트테이프	录音带 (lùyīndài)	루인따이
카운터	柜台 (guìtái)	꾸이타이
카페트	地毯 (dìtǎn)	띠탄
칼	刀 (dāo)	따오
커튼	窗帘 (chuānglián)	츄앙리엔
커피	咖啡 (kāfēi)	카페이
커피숍	咖啡店 (kāfēidiàn)	카페이띠엔
케이블카	缆车 (lǎnchē)	란처
켜다	开 (kāi)	카이
코코아	可可 (kěkě)	커커
코트	大衣 (dàyī)	따이
콘돔	安全套 (ānquántào)	안취엔타오
콘센트	插座口 (chāzuòkǒu)	챠쭈어커우
콩	大豆 (dàdòu)	따떠우
크기	大小 (dàxiǎo)	따씨아오
큰일이다	出事 (chūshì)	츄스
크레디트카드	信用卡 (xìnyòngkǎ)	씬용카
크리스마스	圣诞节 (shèngdànjié)	성딴지에
키	个子 (gèzi)	꺼쯔
키스	接吻 (jiēwěn)	지에원

타다	坐 (zuò)	쭈어
타월	毛巾 (máojīn)	마오진
타이어	轮胎 (lúntāi)	룬타이
탄탄하다	结实 (jiēshi)	지에스
탑승구	登机门 (dēngjīmén)	떵지먼
탑승권	登机证 (dēngjīzhèng)	떵지쩡
태극권	太极拳 (tàijíquán)	타이지취엔
태도	态度 (tàidu)	타이뚜
태만하다	懒惰 (lǎnduò)	란뚜어
태양	太阳 (tàiyáng)	타이양
태풍	台风 (táifēng)	타이펑
택시	出租汽车 (chūzūqìchē)	츄쭈치처
택하다	选择 (xuǎnzé)	쉬엔쩌
테니스	网球 (wǎngqiú)	왕치우
테이블	桌子 (zhuōzi)	쭈어쯔
텔레비전	电视 (diànshì)	띠엔스
토끼	兔子 (tùzi)	투쯔
토론하다	讨论 (tǎolùn)	타오룬
토마토	西红柿 (xīhóngshì)	씨훙스
토스트	烤面包 (kǎomiànbāo)	카오미엔빠오
토하다	呕吐 (ǒutù)	어우투
통과하다	通过 (tōngguò)	퉁궈
통신	通信 (tōngxìn)	퉁씬

모르는 단어 찾아보기

355

통역하다	翻译 (fānyì)	판이
통조림	罐头 (guàntóu)	관터우
통지	通知 (tōngzhī)	퉁즈
통쾌하다	痛快 (tòngkuai)	퉁콰이
통행금지	禁止通行 (jìnzhǐtōngxíng)	찐즈퉁씽
트럼프	扑克牌 (pūkèpái)	푸커파이
특급열차	特快 (tèkuài)	터콰이
특별석	特席 (tèxí)	터씨
특별하다	特别 (tèbié)	터비에
틀리다	错 (cuò)	추어
퇴근시간	下班时间 (xiàbānshíjiān)	샤빤스지엔
티셔츠	T恤衫 (T xùshān)	티쉬산
티슈	卫生纸 (wèishēngzhǐ)	웨이성즈
팁	小费 (xiǎofèi)	씨아오페이
파	葱 (cōng)	총
(도장을)파다	刻 (kè)	커
파란색	蓝色 (lánsè)	란써
파마하다	烫发 (tàngfà)	탕파
파산하다	破产 (pòchǎn)	포찬
파손하다	损坏 (sǔnhuài)	쑨화이
파업하다	罢工 (bàgōng)	빠꿍
파이	水果冰 (shuǐguǒbīng)	슈이궈삥
파인애플	凤梨, 菠萝 (fènglí, bōluó)	펑리, 뽀루어

파티	晚会 (wǎnhuì)	완후이
판매	销售 (xiāoshòu)	씨아오셔우
판매원	售货员 (shòuhuòyuán)	셔우후워위엔
퍼센트	百分比 (bǎifēnbǐ)	바이펀비
팔다	卖 (mài)	마이
팔지	手镯 (shǒuzhuó)	셔우쥬어
패션	式样 (shìyàng)	스양
팬티	内裤 (nèikù)	네이쿠
편도	单程 (dānchéng)	딴청
편리하다	方便 (fāngbiàn)	팡비엔
편안하다	舒服 (shūfu)	슈푸
편명	班号 (bānhào)	빤하오
편지	信 (xìn)	씬
편지지	信纸 (xìnzhǐ)	씬즈
편지봉투	信封 (xìnfēng)	씬펑
편집하다	编辑 (biānjí)	삐엔지
평가하다	评价 (píngjià)	핑지아
폐렴	肺炎 (fèiyán)	페이엔
폐막식	闭幕典礼 (bìmùdiǎnlǐ)	삐무디엔리
폐업하다	停业 (tíngyè)	팅예
포도	葡萄 (pútáo)	푸타오
포장하다	包装 (bāozhuāng)	빠오쥬앙
포스터	海报 (hǎibào)	하이빠오

모르는 단어 찾아보기

모르는 단어 찾아보기

폭죽	鞭炮 (biānpào)	삐엔파오
표준	标准 (biāozhǔn)	삐아오준
푸른	青 (qīng)	칭
품질	质量 (zhìliàng)	즈량
플래시	闪光灯 (shǎnguāngdēng)	샨광떵
플랫폼	月台 (yuètái)	위에타이
피	血 (xuè)	쉬에
피곤하다	累 (lèi)	레이
피로	疲劳 (píláo)	피라오
피아노	钢琴 (gāngqín)	깡친
피부병	皮肤病 (pífūbìng)	피푸삥
피자	比萨 (bǐsà)	비싸
필름	底片 (dǐpiàn)	디피엔
필요하다	必要 (bìyào)	삐야오
하강하다	降落 (jiàngluò)	찌앙루어
하늘	天, 天空 (tiān, tiānkōng)	티엔, 티엔콩
하다	做 (zuò)	쭈어
하루	一天 (yìtiān)	이티엔
하얀	白 (bái)	바이
학교	学校 (xuéxiào)	쉬에씨아오
학과	专业 (zhuānyè)	쥬안예
학생	学生 (xuésheng)	쉬에셩
한국	韩国 (Hánguó)	한궈

한국어	韩文 (Hánwén)	한원
한약	中药 (zhōngyào)	중야오
한의사	中医 (zhōngyī)	중이
한턱내다	请客 (qǐngkè)	칭커
할인하다	打折扣 (dǎzhékòu)	다져커우
함께	一起 (yìqǐ)	이치
합작하다	合作 (hézuò)	허쭈어
핫도그	热狗 (règǒu)	러거우
항공기	飞机 (fēijī)	페이지
항공권	机票 (jīpiào)	지피아오
항공편지	航空信 (hángkōngxìn)	항콩씬
항공회사	航空公司 (hángkōnggōngsī)	항콩꽁쓰
해결하다	解决 (jiějué)	지에쥐에
해석하다	解释 (jiěshì)	지에스
해설하다	解说 (jiěshuō)	지에슈어
해열제	解热剂 (jiěrèjì)	지에르어지
핸드백	手提包 (shǒutíbāo)	셔우티빠오
햄	火腿 (huǒtuǐ)	후워투이
햄버거	汉堡 (hànbǎo)	한바오
행동	行动 (xíngdòng)	씽똥
행선지	目的地 (mùdìdì)	무띠띠
행복하다	幸福 (xìngfú)	씽푸
향수	香水 (xiāngshuǐ)	샹슈이

허가	许可 (xǔkě)	쉬커
허리	腰 (yāo)	야오
헷갈리다	错乱 (cuòluàn)	추어루안
혁명	革命 (gémìng)	거밍
현금	现款, 现金 (xiànkuǎn, xiànjīn)	씨엔쿠안, 씨엔진
현대화	现代化 (xiàndàihuà)	씨엔따이화
현지시간	当地时间 (dāngdìshíjiān)	땅띠스지엔
혈압	血压 (xuèyā)	쉬에야
협회	协会 (xiéhuì)	씨에후이
형제	兄弟 (xiōngdì)	슝띠
호수	湖 (hú)	후
호텔	饭店 (fàndiàn)	판띠엔
혼자	一个人 (yígerén)	이거런
홍차	红茶 (hóngchá)	홍챠
화가	画家 (huàjiā)	화지아
화장하다	化妆 (huàzhuāng)	화쥬앙
화장수	化妆水 (huàzhuāngshuǐ)	화쥬앙슈이
화장실	洗手间 (xǐshǒujiān)	씨셔우지엔
화장지	卫生纸 (wèishēngzhǐ)	웨이셩즈
화장품	化妆品 (huàzhuāngpǐn)	화쥬앙핀
확인하다	确认 (quèrèn)	취에런
환경	环境 (huánjìng)	후안찡
환대하다	热情接待 (rèqíngjiēdài)	러칭지에따이

환송하다	欢送 (huānsòng)	환쑹
환영회	欢迎会 (huānyínghuì)	환잉후이
환전하다	换钱 (huànqián)	환치엔
활발한	活泼 (huópo)	후워포
회담	会谈 (huìtán)	후이탄
회답하다	回答 (huídá)	후이다
회복하다	回复 (huífù)	후이푸
회사	公司 (gōngsī)	꽁쓰
회색	灰色 (huīsè)	후이써
회의	会议 (huìyì)	후이이
효능	效果 (xiàoguǒ)	씨아오궈
후추	胡椒 (hújiāo)	후지아오
후회하다	后悔 (hòuhuǐ)	허우후이
훔치다	偷 (tōu)	터우
휴가	休假 (xiūjià)	씨우지아
휴게실	休息室 (xiūxishì)	씨우씨스
휴대품	携带品 (xiédàipǐn)	씨에따이핀
휴식하다	休息 (xiūxi)	씨우씨
휴일	假日 (jiàrì)	지아르
휴지통	垃圾箱 (lājīxiāng)	라지샹
흐르다	流 (liú)	리우
흐리다	阴沉 (yīnchén)	인천
희망하다	希望 (xīwàng)	씨왕

흔하다	多的是 (duōdeshì)	뚜어더스
흡연하다	吸烟 (xīyān)	씨옌
흥겹다	高兴 (gāoxìng)	까오씽
흥미	兴趣 (xìngqù)	씽취
흥정하다	讲价钱 (jiǎngjiàqián)	쟝지아치엔
흰색	白色 (báisè)	바이써
희소식	好消息 (hǎoxiāoxi)	하오씨아오시
힘들다	吃力 (chīlì)	츠리
힘쓰다	用力 (yònglì)	용리

0	零 (líng)	링
1	一 (yī)	이
2	二, 两 (èr, liǎng)	얼, 량
3	三 (sān)	싼
4	四 (sì)	쓰
5	五 (wǔ)	우
6	六 (liù)	리우
7	七 (qī)	치
8	八 (bā)	빠
9	九 (jiǔ)	지우
10	十 (shí)	스
11	十一 (shíyī)	스이
12	十二 (shí'èr)	스얼
20	二十 (èrshí)	얼스
30	三十 (sānshí)	싼스
40	四十 (sìshí)	쓰스
50	五十 (wǔshí)	우스
60	六十 (liùshí)	리우스
70	七十 (qīshí)	치스
80	八十 (bāshí)	빠스
90	九十 (jiǔshí)	지우스
100	一百 (yībǎi)	이바이
1,000	一千 (yīqiān)	이치엔
10,000	一万 (yīwàn)	이완

1초	一秒 (yìmiǎo)	이미아오
1분	一分钟 (yìfēnzhōng)	이펀중
15분	一刻 (yíkè)	이커
30분	半个小时 (bàngexiǎoshí)	반거씨아오스
1시	一点 (yìdiǎn)	이디엔
2시	两点 (liǎngdiǎn)	량디엔
3시	三点 (sāndiǎn)	싼디엔
1시간	一个小时 (yígexiǎoshí)	이거씨아오스
2시간	两个小时 (liǎnggexiǎoshí)	량거씨아오스
시간	时间 (shíjiān)	스지엔
때	时候 (shíhou)	스허우
이르다	早 (zǎo)	자오
늦다	晚 (wǎn)	완
아침	早上 (zǎoshang)	자오샹
낮	白天 (báitiān)	바이티엔
저녁	晚上 (wǎnshang)	완샹
오전	上午 (shàngwǔ)	샹우
정오	中午 (zhōngwǔ)	쭝우
오후	下午 (xiàwǔ)	씨아우
저녁무렵	傍晚 (bàngwǎn)	빵완
밤중	夜里 (yèlǐ)	예리
하루종일	整天 (zhěngtiān)	정티엔
반나절	半天 (bàntiān)	빤티엔

1월	一月 (yīyuè)	이위에
2월	二月 (èryuè)	얼위에
3월	三月 (sānyuè)	싼위에
4월	四月 (sìyuè)	쓰위에
5월	五月 (wǔyuè)	우위에
6월	六月 (liùyuè)	리우위에
7월	七月 (qīyuè)	치위에
8월	八月 (bāyuè)	빠위에
9월	九月 (jiǔyuè)	지우위에
10월	十月 (shíyuè)	스위에
11월	十一月 (shíyīyuè)	스이위에
12월	十二月 (shí'èryuè)	스얼위에
1일	一号 (yīhào)	이하오
2일	二号 (èrhào)	얼하오
3일	三号 (sānhào)	싼하오
하루	一天 (yìtiān)	이티엔
이틀	两天 (liǎngtiān)	량티엔
일주일	一个星期 (yígexīngqī)	이거씽치
한 달	一个月 (yígeyuè)	이거위에
일 년	一年 (yìnián)	이니엔
년	年 (nián)	니엔
월	月 (yuè)	위에
일	日, 号 (rì, hào)	르, 하오

월요일	星期一 (xīngqīyī)	씽치이
화요일	星期二 (xīngqī'èr)	씽치얼
수요일	星期三 (xīngqīsān)	씽치싼
목요일	星期四 (xīngqīsì)	씽치쓰
금요일	星期五 (xīngqīwǔ)	씽치우
토요일	星期六 (xīngqīliù)	씽치리우
일요일	星期天 (xīngqītiān)	씽치티엔
오늘	今天 (jīntiān)	찐티엔
내일	明天 (míngtiān)	밍티엔
모레	后天 (hòutiān)	허우티엔
어제	昨天 (zuótiān)	쭈어티엔
그제	前天 (qiántiān)	치엔티엔
매일	每天 (měitiān)	메이티엔
그날	当天 (dāngtiān)	땅티엔
이번주	这个星期 (zhègexīngqī)	쩌거씽치
지난주	上星期 (shàngxīngqī)	샹씽치
다음주	下星期 (xiàxīngqī)	샤씽치
이번달	这个月 (zhègeyuè)	쩌거위에
지난달	上个月 (shànggeyuè)	샹거위에
다음달	下个月 (xiàgeyuè)	샤거위에
금년	今年 (jīnnián)	찐니엔
내년	明年 (míngnián)	밍니엔
내후년	后年 (hòunián)	허우니엔
작년	去年 (qùnián)	취니엔

여권번호 Passport No.								
비자번호 Visa No.								
항공권번호 Air Ticket No.								
항공권편명 Flight name								
여행자수표번호 Traveler's check No.								
해외여행보험번호 T.A. No.								
항공권예약	Day							
	Time							
	Flight name							
	담당자							
긴급연락처 Contact address in an emergency